servir
revue adventiste de théologie

SERVIR - Revue adventiste de théologie, est la revue de la Faculté adventiste de théologie de Collonges-sous-Salève (France). Elle touche l'ensemble des domaines de la théologie.

Même si globalement la teneur des articles est soutenue par le Comité scientifique et la Faculté adventiste de théologie, les positions défendues dans les articles n'engagent que leurs auteurs.

Tout article peut être proposé à la rédaction. Merci d'envoyer votre manuscrit par courriel à secretariat.fat@campusadventiste.edu. Il sera considéré par le Comité scientifique.

Directeur de la publication : Gabriel Monet

Comité scientifique : Roland Meyer (président), Rivan Dos Santos, Daniela Gelbrich, Marcel Ladislas, Luca Marulli, Gabriel Monet, Jean-Luc Rolland.

Correspondants : Jacques Doukhan (Amérique du Nord), Jacques Yves Nganing Mbende (Afrique), Sully Payet (Océan Indien), Roger Tetuanui (Pacifique).

Tarifs et abonnements
Prix de vente du numéro : 7 €
Prix de l'abonnement (deux numéros par an, frais de port compris) :
    Pour l'Europe et Dom-Tom : 14 €
    Pour le reste du monde : 18 €

Pour s'abonner, merci de remplir le formulaire prévu à cet effet sur la page dédiée du site Internet du Campus adventiste du Salève : www.campusadventiste.edu. L'abonnement peut être réglé par carte bancaire directement sur le site, ou à défaut par chèque à l'adresse de la faculté. Pour toute question ou renseignement à propos de l'abonnement : secretariat.fat@campusadventiste.edu.

© 2020, Faculté adventiste de théologie
33 chemin du Pérouzet, 74160 Collonges-sous-Salève
Imprimé par Books on Demand GmbH, Nordestedt, Allemagne

ISBN : 9782911358555
ISSN : 2606-1805

Dépôt légal : avril 2020

Editorial

Des mots sur les maux...
Le coronavirus à l'épreuve de la théologie ;
la théologie à l'épreuve du coronavirus.

Gabriel Monet[1]

La pandémie du Covid-19 bat son plein et la crise que nous vivons n'est pas uniquement une crise sanitaire, mais bien une crise globale qui touche toutes les dimensions de nos vies, individuelles et collectives. La santé, l'économie, l'éducation, le travail, la famille, les finances, les loisirs, les religions, les arts, les transports, la gouvernance, la gestion et la conception du temps... tout est bouleversé ! Or toute crise est l'occasion d'une réflexion et de choix, comme l'origine du mot, *krisis* en grec, qui littéralement signifie « jugement », nous y invite. Une crise représente un moment décisif, témoigne d'une remise en question, suggère l'introspection, encourage une évolution. Chacun peut et doit prendre sa part dans un examen de conscience collectif. En croyants engagés, en adventistes constructifs, notre voix et nos valeurs méritent d'émerger et d'être partagées.

Toutes nos relations sont concernées par la situation hors du commun que nous vivons et il importe d'y réfléchir, non seulement pour mesurer l'impact de la crise sanitaire mais aussi pour les évaluer à l'aune de la foi, de notre conception et de notre compréhension de Dieu. Du reste, la crise globale que nous vivons a indéniablement une dimension spirituelle, en tous cas si l'on considère la spiritualité comme une « conscience relationnelle »[2] et qu'on l'envisage comme fondée sur quatre ensembles de connexions : la relation avec notre moi authentique, le rapport aux autres, le lien avec la création et la connexion avec le divin[3]. L'invitation de Jésus à « aimer Dieu et son prochain comme soi-même »,

---

[1] Gabriel Monet, docteur en théologie, est doyen et professeur de théologie pratique à la Faculté adventiste de théologie de Collonges-sous-Salève (France).
[2] David Hay, *Something there. The biology of the human spirit*, London, Darton, Longman & Todd, 2006.
[3] Michael Joseph, « Spirituality in the workplace. What are we talking about ? », *Faith in business quaterly* 4 (2000/3).

qui intègre trois des relations mentionnées, reste évidemment d'actualité et justement, l'ensemble de ces modalités relationnelles doivent être revisitées ou révisées parce que nous vivons un véritable chamboulement. Dans cette dynamique, mettre le coronavirus à l'épreuve de la théologie, mais aussi la théologie à l'épreuve du coronavirus est légitime et utile.

Concernant **le rapport à soi**, la pandémie du Covid-19 nous met face à notre finitude, interroge notre rapport à la mort et donc le sens que nous donnons à la vie. Le confinement que nous vivons est révélateur de notre manière de gérer notre propre compagnie ; l'occasion de réfléchir, de lire, d'analyser, de prendre du recul, de penser. Bien sûr, notre compréhension de la santé est interpellée. Non, la maladie n'est pas une sanction divine, Jésus a clairement dénoncé cette vision culpabilisante ; ce qui ne nous empêche pas, au contraire, d'assumer nos responsabilités et de prendre soin de notre corps, de veiller à notre style de vie et à notre nourriture, afin d'avoir les meilleures défenses immunitaires possibles. L'ensemble des dimensions de notre être – spirituelle, mentale et physique – sont donc en jeu.

Le rapport aux autres est évidemment un élément-clé. Les mesures de distanciation sanitaire ont beau n'être que physiques, la contagiosité du coronavirus et ses conséquences sont telles que nos relations envers autrui s'en trouvent largement remises en question. La méfiance vis-à-vis de tous, l'individualisme, et même la violence dans les rapports... sont exacerbés. Pour qui a fait l'expérience d'être contaminé par le Covid-19, le sentiment d'être une *persona non grata* devient réalité. Heureusement, de belles et nombreuses solidarités viennent battre en brèche l'indifférence. On invente ou on découvre aussi des approches alternatives pour faire vivre les liens. Toujours est-il que nombre de nos schémas sociaux sont bousculés. Or le repli sur soi, s'il est momentanément important, n'est évidemment pas une perspective d'avenir conforme à l'altruisme prôné par le Christ. C'est vrai au niveau individuel autant qu'à divers niveaux collectifs. Les frontières entre les individus, les familles, les groupes, les nations... n'avaient pas été si prégnantes depuis longtemps. Le temps venu, saurons-nous faire tomber les murs et trouver les équilibres entre un séparatisme stérile et une globalisation déstructurante ?

A propos du **rapport à la création**, il serait exagéré de dire que la pandémie du coronavirus est directement liée à la crise écologique, car il a existé de telles pandémies dans l'histoire bien avant que les humains aient impacté si négativement l'environnement. Pourtant, des liens indéniables peuvent être établis, et le moins que l'on puisse dire est que nos modes de fonctionnement mettent à mal la sauvegarde de la création. Au passage, un des effets collatéraux positifs de la crise : une moindre pollution du fait d'un moindre usage des énergies fossiles, nous montre tout l'intérêt qu'il y aurait à un mode de vie plus respectueux de l'environnement qui ferait de nous les véritables intendants de la création que Dieu nous invite à être.

Quant au **rapport à Dieu**, tout moment de crise est donc l'occasion de s'interroger sur quelques questions fondamentales de la vie qui sont immanquablement liées au divin : d'où venons-nous (et d'où vient ce coronarivus) ; pourquoi le mal ; quel avenir ; quelle vie après la mort... ? Le confinement, qui offre plus de temps à beaucoup, est l'occasion de méditer, de prier. Mais il a aussi impliqué la fermeture des églises et donc remis en question nombre des modalités habituelles de relation à Dieu.

Autant d'aspects et de questions qui nous invitent donc à *penser* théologiquement pour *panser* nos diverses relations. C'est l'objet de ce volume que de stimuler tout un chacun dans ce sens.

Pour composer ce numéro spécial de la *Revue adventiste de théologie - Servir*, la grande majorité des professeurs et des chargés d'enseignement de la Faculté adventiste de théologie de Collonges-sous-Salève ont relevé le défi, mais aussi nombre de professeurs émérites et de théologiens francophones de divers horizons. Je remercie vivement les vingt et un auteurs qui ont accepté d'apporter une contribution à ce numéro hors du commun qui, il est vrai, ne rassemble pas des articles scientifiques approfondis s'appuyant sur des sources diverses et référencées. Cependant, la situation exceptionnelle que nous vivons, l'intérêt de proposer une diversité de regards théologiques sur la crise actuelle, et le désir d'être utile au plus grand nombre, nous ont amenés à cette approche quelque peu différente.

De nombreux sujets sont donc abordés et, d'une certaine manière, les regards et les perspectives sont tellement riches et variés qu'il était difficile d'organiser ces articles de manière pertinente. Voici malgré tout la logique (discutable) qui nous a guidé.

Les premiers articles consistent en une analyse de certains aspects de **la situation actuelle par le biais d'un texte biblique de base** ; Bernard Sauvagnat considère la grande épidémie rapportée par les livres de Samuel et des Chroniques pour y discerner la compassion de Dieu au-delà des apparences ; Karl Johnson examine le premier confinement de l'histoire – dans l'arche de Noé – et ses leçons pour aujourd'hui ; Marcel Ladislas s'intéresse de près au psaume 91 pour explorer ce que peut signifier la protection de Dieu en toutes circonstances, y compris en situation d'épidémie ; Daniela Gelbrich relit avec attention « l'Apocalypse d'Esaïe » (Es 24-27) pour y distinguer l'espérance malgré la détresse ; et Roberto Badenas rapproche le récit de la tempête apaisée par Jésus de la situation tumultueuse du moment.

La plume est ensuite donnée aux auteurs qui traitent plus ou moins directement de la **lecture des temps que nous vivons et des signes que l'on peut entrevoir** : Rivan Dos Santos revisite et systématise divers textes prophétiques ; Jean-Claude Verrecchia fait un parallèle entre la « petite bête » et les habituelles bêtes prophétiques ; alors que chacun à leur manière John Graz et Bruno Vertallier s'intéressent aux signaux qui nous invitent à nous préparer au prochain retour de Jésus.

Une section s'ouvre alors sur des **points de vue médico-psychologiques** : le médecin Roland Fayard invite à une certaine lucidité pour que la fatalité ne l'emporte pas sur la sérénité ; les psychologues Geneviève Aurouze et Akrassi Kouakou nous invitent, d'une part, à relire les événements actuels au travers des étapes – classiques en psychologie – du processus de deuil et, d'autre part, à ne pas nous inquiéter, ce que diverses distorsions pourraient nous laisser enclin à faire ; et l'aumônier théologien Jacques Yves Nganing Mbende encourage une vision du soin qui intègre la dimension spirituelle.

Diverses **interrogations pastorales et théologiques** sont alors abordées par les articles de Gabriel Golea sur divers enjeux de la situation actuelle ; Gilbert Grezet sur une question délicate d'un membre d'Eglise ; Pierre Kempf, sur la nouveauté ; et Roland Meyer sur le type de prière que nous pouvons adresser à Dieu.

Des **questions plus ecclésiologiques** sont alors considérées : Reinder Bruinsma aborde l'impact du coronavirus sur le monde et sur l'Eglise ; Luca Marulli souligne la responsabilité de l'Eglise du reste face au Covid-19, et je m'intéresse aux conséquences « divines » de la fermeture des Eglises. Ce florilège s'achève avec Xavier Georges Rousset qui partage la méditation originale d'un chrétien confiné.

La première des sept « béatitudes de l'Apocalypse » affirme : « Heureux celui qui lit, et ceux qui écoutent les paroles de la prophétie et gardent ce qui s'y trouve écrit, car le temps est proche » (Ap 1.3). Au-delà de tous les mots et de toutes les idées contenus dans les articles proposés, le but est bien que chacun discerne, en son âme et conscience, et peut-être avec des nuances ici ou là (que vous distinguerez d'ailleurs entre les différents articles publiés), la *voix* de Dieu pour mieux s'engager sur la *voie* qui mène à lui, « car le temps [*kairos*] est proche ».

L'épidémie de la grande compassion

Bernard Sauvagnat[1]

70 000 morts ! Une épidémie terrible a frappé un petit pays de moins de dix millions d'habitants. C'était il y a presque 3 000 ans ! Et nous, aujourd'hui, nous vivons bien pire que cette épidémie antique. Une pandémie frappe le monde entier. Et déjà les 70 000 victimes ont été dépassées ! Quel sera le bilan définitif ? Sûrement terrible ! C'est la Bible qui raconte l'épidémie antique. Elle a frappé Israël au temps du roi David.

Le roi décide de recenser les conscrits possibles de son pays. Son ministre des armées, Joab, est chargé d'exécuter ce projet. Dès qu'il est mis au courant, il avertit le roi que ce projet s'oppose à la volonté de Dieu : la sécurité d'Israël ne dépend pas de ses forces armées mais de la bienveillance de son Dieu. Pourtant David s'entête et le recensement a lieu. Peu de temps après, une épidémie sanitaire frappe le pays et fait 70 000 victimes.

Cette histoire est racontée deux fois, la première dans 2 Samuel 24 et la seconde dans 1 Chroniques 21. S'il nous reste deux témoignages, c'est que cette histoire mérite vraiment notre attention et doit nous aider à réfléchir sur ce qui nous arrive aujourd'hui.

Dès les premières lignes, le lecteur se trouve devant deux interprétations très différentes des événements. D'après Samuel, c'est le Seigneur, donc le Dieu d'Israël, qui incite David à faire ce recensement, alors que d'après les Chroniques, c'est Satan, l'adversaire de Dieu. Cette contradiction montre que les auteurs bibliques se sont aussi lancés dans l'aventure délicate d'interpréter l'histoire. Si eux l'ont fait, il nous est permis de le faire aussi. Il nous est même indispensable de le faire. Ce faisant, nous entrons au cœur de la théologie. Car c'est Dieu qu'il s'agit de comprendre. Ce défi nous incombe d'autant plus

---

[1] Bernard Sauvagnat, docteur ès siences religieuses, est professeur émérite en Nouveau Testament de la Faculté adventiste de théologie de Collonges-sous-Salève (France).

aujourd'hui que nous sommes confrontés à cette pandémie du Covid-19 et que nous, adventistes du monde entier, sommes appelés à travailler ce deuxième trimestre 2020 sur le défi de l'interprétation de la Bible au programme de notre catéchèse adulte.

La question à affronter est donc : quel est le rôle de Dieu dans les épidémies qui frappent l'humanité ?

Pour tenter d'y répondre, nous procéderons en trois étapes. Dans la première, nous observerons les textes bibliques attentivement pour bien voir ce qu'ils disent et comment ils le disent. Dans un deuxième temps, nous chercherons à comprendre les circonstances dans lesquelles les deux récits ont été rédigés pour nous aider à interpréter correctement ces textes antiques. Enfin, dans un troisième temps, je dirai comment moi, lecteur chrétien confiné aujourd'hui, je m'engage dans la lecture de ces textes et dans leur interprétation. Pour conclure, je tenterai d'écrire cette histoire de l'antiquité à ma façon, ce qui sera ma manière de vous dire mon interprétation. Je dis bien mon interprétation, car pour avancer j'aurai besoin de la vôtre tout aussi valable que la mienne.

Première étape : Ce que disent les deux récits

La méthode la plus efficace est de considérer les deux récits en parallèles et de bien observer les éléments communs, les différences pour repérer les apports essentiels de chaque récit.

Je me bornerai ici à résumer mes observations sur les responsabilités humaines et divines telles qu'elles sont présentées par chacun des écrivains.

Les responsabilités humaines

Le roi David ordonne le recensement. Joab cherche à l'en dissuader. David persiste et signe. Pourtant, neuf mois et vingt jours plus tard, devant les résultats (800 000 soldats en Israël et 500 000 en Juda d'après Samuel, 1 100 000 en Israël et 470 000 en Juda d'après les Chroniques), David se sent coupable d'avoir eu cette initiative. Il confesse cette culpabilité comme un péché qu'il a commis *stupidement*. Il insiste sur sa responsabilité. Et il demande pardon à Dieu.

Joab, courageusement, tente sans succès de dissuader le roi. Il mérite bien un coup de chapeau pour ce courage. Pourtant, il exécute l'ordre royal. Il aurait peut-être pu refuser au risque de perdre son poste, voire même sa vie.

Le prophète Gad, voyant de David, reçoit une vision. Convaincu que c'est Dieu qui lui a parlé, il surmonte ses appréhensions et va trouver le roi pour lui proposer 3 options : 1. Sept ans de famine (d'après les Chroniques, trois ans seulement) ; 2. Trois mois de défaites militaires ou 3. Trois jours d'une épidémie qualifiée d'*épée du Seigneur* par les Chroniques.

David pourrait contester l'authenticité de cette vision ; considérer qu'il n'a pas besoin d'un prophète de malheur dans cette situation de grande perplexité. Gad remplit sa mission et David le reçoit en confiance.

David choisit l'option 3. Son choix est argumenté : l'épidémie est le fléau du Dieu dont *la compassion est grande* ou *immense*.

David parle à Dieu lorsqu'il voit son ange exécuter le fléau divin. Il exprime à nouveau sa responsabilité coupable. Il reconnaît l'innocence des victimes et demande que le fléau le frappe, lui et sa famille. Pour lui, ce fléau est injuste.

Gad intervient à nouveau. Il conseille au roi de construire un autel pour y offrir des sacrifices là où l'ange a cessé d'exécuter le fléau divin avant la prière de David.

David suit ce conseil en assumant tous les frais impliqués.

Les responsabilités divines

✓ Dans l'ordre donné de faire le recensement

D'après Samuel, Dieu est en colère contre Israël. Les raisons immédiates de cette colère ne sont pas explicitées. En conséquence, il *excite* (le verbe est fort) David à ordonner le recensement.

Dans le reste du texte, cette responsabilité de Dieu n'est jamais reconnue par David. David assume sa décision et n'envisage même pas que ce pourrait être Dieu qui l'aurait excité à commettre cette faute.

D'après les Chroniques, c'est Satan qui se dresse contre Israël et qui excite David. C'est la seule fois dans l'Ancien Testament que le mot Satan, qui signifie adversaire, est utilisé comme un nom propre. Les seules autres fois où ce mot est utilisé (dans Job 1 et 2 et dans Zacharie 3.1) c'est un nom commun avec un article, donc à traduire par *l'adversaire*.

David, Samuel et les Chroniques ont donc trois interprétations différentes du responsable de cet acte : Dieu, Satan ou David. On pourrait peut-être préciser : pour Samuel, c'est David sous influence divine ; pour les Chroniques, c'est David sous influence satanique.

✓ Dans l'épidémie qui suit

Les quatre interprétations sont identiques (aux trois interprètes précédents il faut ajouter Gad). C'est **Dieu** qui *fait venir* l'épidémie. Il utilise un ange pour exécuter ce fléau.

Dieu le fait en réponse au choix de David devant les options divines transmises par Gad. David considère ce fléau comme le meilleur choix parce qu'il croit en *la grande miséricorde* de Dieu.

Dieu le fait pour punir David de sa faute. Cette punition est jugée injuste par David parce qu'elle frappe des innocents.

Dieu agit par l'intermédiaire d'un ange, ce qui rappelle l'ange exterminateur de la dixième plaie d'Egypte où les premiers-nés de chaque famille sont exécutés (voir Ex 12.23). Mais il assume la responsabilité de ce fléau.

Dieu décide de stopper cette punition avant de frapper Jérusalem, la capitale. Il *se repent du mal* qu'il fait. Il demande à son ange de remettre son épée au fourreau d'après les Chroniques. Cette fin d'épidémie est confirmée en fin du récit de Samuel, mais semble rester comme une arme à disposition de Dieu loin du pays d'Israël.

Deuxième étape : Les auteurs de ces deux récits

Samuel

La préoccupation principale de l'auteur des livres de Samuel est de montrer que David a été fidèle au Dieu unique d'Israël sans se tourner vers d'autres dieux. Il ne prétend pas que David n'a jamais péché, mais il affirme que David a reconnu ses péchés et obtenu le pardon de Dieu. Dieu a communiqué avec David par l'intermédiaire de prophètes, par exemple Nathan dans l'affaire de Bethsabée, ou Gad dans celle du recensement. Et David a toujours écouté ces prophètes et fait ce qu'ils lui révélaient.

Mais le pardon n'empêche pas la punition de Dieu. Le fils de l'adultère meurt. L'épidémie tue 70 000 sujets de David. Ces punitions n'empêchent pas David de croire que Dieu est bon et que sa compassion est grande. David prie Dieu pour qu'il épargne son enfant tant qu'il est vivant, puis il accepte sa mort. Il prie Dieu pour lui dire que sa punition à la suite du recensement est injuste.

Il semble que pour défendre le monothéisme, l'auteur soit prêt à attribuer à Dieu tout ce qui lui paraît inexplicable. Comme Job (2.10) ou comme Amos (3.6), il affirme que Dieu est l'auteur des malheurs comme des bonheurs qui arrivent à son peuple. Les malheurs ne peuvent venir d'un dieu du mal qui existerait en face du Dieu unique. Si donc le malheur arrive, c'est que Dieu l'a voulu. Donc si Dieu a voulu cette épidémie, c'est lui qui la fait venir. Alors Samuel et les gens de son temps interprètent cette épidémie comme une punition divine.

Les Chroniques

L'auteur des deux livres des Chroniques écrit plusieurs siècles après Samuel, après la fin de la captivité à Babylone. Sa préoccupation est tout autre. Il s'intéresse avant tout à l'organisation du culte d'Israël dans le Temple de Jérusalem qui a été détruit et qui doit être reconstruit.

Dans l'histoire de ce recensement et de cette épidémie, il s'intéresse surtout au lieu où l'épidémie s'est arrêtée parce qu'il deviendra le lieu où sera construit le Temple que David souhaitait, qu'il a préparé et que Salomon a construit. Il se préoccupe ensuite de l'organisation des services qui reviennent aux prêtres et aux lévites, dont certains seront chantres ou d'autres gardiens ; et à la préparation des matériaux qui seront nécessaires à cette construction.

Il estime que c'est Satan et non Dieu qui a excité David à faire ce recensement. Mais cette affirmation n'est pas l'occasion pour David de se décharger de sa responsabilité : le recensement, c'est lui, pas Satan. Finalement, l'épidémie stoppée à un endroit précis est l'occasion de désigner le lieu où le Temple sera édifié. La miséricorde de ce Dieu qui punit modérément devient une faveur. L'adversaire n'a pas gagné parce que David a assumé sa responsabilité, reconnu sa faute et offert les sacrifices nécessaires. Mais surtout il a choisi le fléau que la miséricorde de Dieu pouvait limiter.

Troisième étape : Moi, lecteur chrétien du XXIe siècle

Je ne peux pas lire ces deux textes sans m'impliquer dans cette lecture, d'autant plus que je suis aujourd'hui impliqué dans une pandémie qui frappe un très grand nombre de mes frères humains.

Les victimes sont innocentes

La première chose que je reçois favorablement de ces textes c'est que les victimes sont innocentes, donc que c'est un fléau injuste. Je pense que la majorité des lecteurs contemporains sont du même avis : il suffit de se rappeler le tollé qu'a suscité la remarque du Préfet de Police de Paris quand il a dit que certains malades étaient en réanimation parce qu'ils n'avaient pas respecté le début du confinement.

En tant que lecteur chrétien, je suis encouragé à aller plus loin. Je ne fais pas de lien entre une maladie ou un handicap et le péché d'une personne, donc une punition de Dieu. L'histoire de l'aveugle de naissance racontée en Jean 9 (v. 1-3) me le dit. De plus, les dialogues de Jésus rapportés en Luc 13 (v. 1-5) me disent que les malheurs injustes qui se produisent, qu'ils soient criminels ou accidentels, doivent être interprétés non comme des punitions divines mais comme des appels à la repentance.

Les dirigeants humains

Quand une personne chargée d'une haute autorité dans une société prend une décision, elle doit l'assumer. Comme David, la personne doit être prête à reconnaître ses torts quand ses décisions sont mauvaises.

Cette personne devrait prendre ses décisions en conscience et donc analyser la situation avec honnêteté. Si elle est croyante, elle devrait suivre ce qu'elle connaît de la volonté de Dieu et être à l'écoute de ceux qui, auprès d'elle, partagent sa foi et peuvent la mettre en garde, comme Joab l'a fait pour David.

Mais jamais je n'oserais dire, comme l'écrit l'auteur de Samuel, que parce que Dieu serait en colère contre son pays, il exciterait David à prendre une mauvaise décision. L'image que je me fais de Dieu grâce à la description que les évangiles m'en donnent par la vie et l'enseignement de Jésus, m'en empêche.

Je dirais plus facilement, comme l'auteur des Chroniques, que l'adversaire de Dieu, l'esprit du mal, peut, par les pensées du dirigeant humain et par les conseils qu'il reçoit, l'inciter à prendre une mauvaise décision. Mais je ne dirais jamais que ce dirigeant n'en porte pas la responsabilité.

Je rejoins donc tous ceux qui, aujourd'hui, demanderont des comptes aux autorités des décisions qu'elles ont prises. Mais je le ferai avec une grande indulgence parce qu'aucune de ces autorités n'avait l'expérience d'une telle pandémie et la connaissance nécessaire pour y faire face.

L'origine de l'épidémie

Face à la question de l'origine de l'épidémie, je ne parviens pas à m'associer aux deux écrivains bibliques, à David et à Gad. Pour moi, ce ne peut pas être Dieu qui a envoyé ce fléau, même mesuré et finalement stoppé. Je ne peux pas m'imaginer Dieu comme un biochimiste génial qui fabriquerait dans son laboratoire des virus pernicieux, pour punir des innocents à cause du péché d'un dirigeant, et qui reprendrait ses virus quand il aurait obtenu la confession et les sacrifices du coupable.

D'ailleurs les auteurs bibliques, Samuel comme les Chroniques, semblent bien me rejoindre. En effet, ils affirment que Dieu s'est repenti du mal qu'il était en train de faire. Si c'était un mal, alors ce mal ne pouvait pas être conforme à la volonté de Dieu. Si les textes disent que Dieu se repent, ne serait-ce pas pour nous faire comprendre qu'il n'a jamais voulu ce mal ? Et, bien évidemment, pour nous dire à tous que lorsque nous agissons mal, nous devons nous repentir ?

Conclusion : et si j'écrivais ma version de cette histoire ?

Voilà ce que cela pourrait donner.

David,
   - officiellement pour mieux gérer l'intendance de ses armées,
   - officieusement pour pouvoir augmenter les impôts destinés à renforcer ses troupes,
   - et avec une arrière-pensée, plus ou moins consciente, une touche d'orgueil grâce aux victoires remportées,
décida de compter ses soldats.

Lors du conseil des ministres où il annonça ce projet, son ministre des armées, Joab, lui rappela que cette initiative s'opposait à la volonté de Dieu. Mais David parvint à imposer son idée. Et le recensement eut lieu.

Malheureusement, certains agents du recensement étaient porteurs sains d'un virus inconnu très contagieux. En quelques semaines, l'épidémie se répandit dans toutes les provinces où ces agents étaient passés.

De retour à la capitale, ils n'étaient plus contagieux. L'épidémie épargna Jérusalem. Elle avait tout de même fait des dizaines de milliers de victimes.

Encouragé par Gad, l'aumônier royal, David organisa à ses frais une cérémonie nationale de remerciements pour la fin de l'épidémie. Au cours de la liturgie, David reconnut son péché d'orgueil, demanda pardon au peuple et à Dieu.

Et Dieu rappela à David sa promesse : l'un de tes descendants, le Messie, sera un jour lui aussi la victime innocente du mal qui ronge l'humanité. De cette façon tous sauront que moi, Dieu, je n'ai créé ni le mal ni les virus. Que ma grande miséricorde a fait du Messie la victime de la pandémie qui frappe comme une épée. Que son cadavre ne se décomposera pas. Qu'il reviendra à la vie pour ramener tous les humains de la mort qui les frappe à la vie.

Ne perds pas ton espérance !

Le premier confinement de l'histoire

Karl Johnson[1]

Dans un de ses discours, dont l'objectif attendu était l'annonce du confinement, le Président Macron n'a pas, paradoxalement, employé le mot « confinement ». Les journalistes qui passent au peigne fin ses faits et gestes et ses paroles, l'ont bien sûr relevé. Ils l'ont accusé directement et sous couvert de « manque de franchise », de vouloir, comme toujours, rester dans une certaine confusion.

A la suite des critiques, lors d'une entrevue, il expliqua que le mot « confinement » n'est pas populaire ; c'est un terme sophistiqué, élitiste, que le commun des Français ne comprend pas. Pas de chance, il était, cette fois-ci, coupable d'arrogance et de mépris. Peu importe... Après cette pandémie du coronavirus, tout le monde aura compris ce que ce mot signifie.

Le premier grand confinement de l'histoire se trouve dans la Bible. Il est relaté au chapitre 6 de la Genèse. Pendant quarante jours et quarante nuits, Noé et sa famille furent confinés dans un immense bateau avec les spécimens de tous les animaux.

Dans ces temps troublés et angoissants du coronavirus, que pouvons-nous apprendre de cette histoire qui, comme toutes les autres histoires bibliques, est là pour nous instruire et nous servir d'exemple dans une perspective de fin des temps ? C'est ce que nous dit l'apôtre Paul : « Ces choses leur sont arrivées pour servir d'exemple, et elles ont été écrites pour notre instruction, à nous qui sommes parvenus à la fin des siècles » (1Co 10.11). L'histoire de Noé se répétera. Cette certitude nous est communiquée par le Christ lui-même : « Ce qui arriva du temps de Noé arrivera de même à l'avènement du Fils de l'homme » (Mt 24.37).

---

[1] Karl Johnson, docteur en *ministry*, est professeur émérite de théologie pratique de la Faculté adventiste de théologie de Collonges-sous-Salève (France).

Relevons quelques éléments du texte de la Genèse, répondons à quelques questions pertinentes et soyons attentifs à son actualisation. Le théologien suisse Karl Barth disait « lire sa Bible avec le journal à la main ». La Bible est un message pour nous aujourd'hui, dans la mesure où elle éclaire notre actualité.

Dans notre texte, c'est Dieu qui décide de confiner, sans débat ni tergiversation. Les raisons de le faire sont claires et nettes.

Suivant ce chapitre 6 de la Genèse, la terre est corrompue. Elle est pleine de violence. La méchanceté des hommes est à son comble. Le mal est absolu. L'apôtre Pierre ajoutera à ce tableau si sombre une incrédulité marquée de moquerie et de raillerie quant à la parole prophétique de Dieu :

> « Car les hommes seront égoïstes, amis de l'argent, fanfarons, hautains, blasphémateurs, rebelles à leurs parents, ingrats, irréligieux, insensibles, déloyaux, calomniateurs, intempérants, cruels, ennemis des gens de bien, traîtres, emportés, enflés d'orgueil, aimant le plaisir plus que Dieu, ayant l'apparence de la piété, mais reniant ce qui en fait la force » (2P 3.3-5).

Jésus, sans aucunement mettre en cause la validité du mariage et la nécessité vitale du manger et du boire, sous-entendra, au sujet de cette histoire, un temps de recherche effréné du plaisir :

> « Car, dans les jours qui précédèrent le déluge, les hommes mangeaient et buvaient, se mariaient et mariaient leurs enfants, jusqu'au jour où Noé entra dans l'arche » (Mt 24.38).

Revoyons les faits. Dieu décide donc, devant l'immensité du mal chez l'homme, de détruire le monde. Il semble même regretter d'avoir créé l'homme. Il se repent. Noé et sa famille trouvent grâce auprès de Dieu. Dieu décide de détruire la terre par l'eau. Pour sauver Noé et sa famille, il lui demande de construire une arche dans laquelle il pourra se réfugier avec les spécimens de tous les animaux. Après 120 ans de construction et de prédications à des hommes et des femmes incrédules, Noé et sa famille entrent dans l'arche. Dieu lui-même ferme la porte et pendant des jours et des nuits, une pluie torrentielle s'abat sur la terre. La terre est recouverte d'eau. Puis vient l'accalmie. L'arche s'immobilise sur une haute montagne, le mont Ararat. Noé et son monde sortent. Pour exprimer sa reconnaissance et sa joie, il offre des holocaustes à Dieu. Dieu est profondément touché. Il décide de faire une alliance de paix avec l'homme et toute la création. L'arc-en-ciel est le signe visible de cette alliance. Dieu promet de ne plus détruire la terre par les eaux. Dieu donne ensuite des consignes à l'homme quant à sa nourriture. Il lui demande de croître, de multiplier et de remplir la terre. Dieu recommence. La création redémarre. Cette histoire ici résumée nous interpelle. Nous en relevons quelques aspects.

Dieu se repend d'avoir créé l'homme. Parler de Dieu en termes humains est une caractéristique du texte biblique. Si l'homme a été créé à son image, il ne peut parler autrement. Cette image est sa seule référence. Dans le cas contraire, on ne pourrait rien dire à son sujet. Il serait une sorte de brahman hindou, inconcevable par la pensée et qui serait, en même temps, la source de la pensée. Un vide !

Ce repentir de Dieu est l'expression d'un soupir, d'une tristesse, d'une souffrance, d'un vague à l'âme. C'est de cet état émotionnel de Dieu que le mot « repentance » évoqué nous présente un Dieu ayant une personnalité vivante. Il agit, parle, éprouve. Il n'est pas le Dieu fait de bois, de pierre ou de métaux du paganisme, totalement insensible. Si les pensées du cœur de l'homme sont tournées vers le mal, en revanche, Dieu a un cœur affligé.

Dieu décide de détruire

L'idée d'un Dieu qui détruit nous gêne, mais tout autour de nous, tôt ou tard, progressivement, l'homme se détruit. L'entropie, le principe de dégradation, est inscrit dans nos gènes. Nous envisageons même la mort comme une étape de vie, quand en sortant d'un enterrement, nous disons : « Il est parti, que voulez-vous : c'est la vie ! »

Dieu détruit pour reconstruire, pour sauver. Il détruit quand l'homme a atteint un point de non-retour, quand il est gangréné moralement, de la tête aux pieds, et qu'il n'a plus aucune issue, aucun point de guérison.

Ne tombons pas dans un sentimentalisme à « l'eau de rose ». Dieu détruit parce qu'il constate qu'il y a un reste à sauver, un petit reste, un reste de reste : Noé et sa famille, Abraham et sa famille.

Il a patienté pendant 430 ans avant de détruire l'Egypte. Il a ouvert la porte aux Egyptiens qui voulaient se joindre à la délivrance d'Israël, et les peuples cananéens disposés à lui obéir étaient épargnés. Noé, prédicateur de la justice pendant 120 ans, a prêché aux antédiluviens. Dieu espère là où il n'y a plus rien à espérer. Dirions-nous qu'il est inconséquent, complaisant et naïf ?

En temps d'urgence médicale, les médecins font un choix difficile entre la mort et la vie. Les militaires, au nom du gouvernement, suivent le principe de précaution, de prévention, peuvent tout réquisitionner, et même si nécessaire, tuer. Dieu seul peut dire quand le péché est à son comble, quand la coupe déborde et que la seule solution pouvant sauver ce qui reste est de détruire ce qui ne l'est pas.

« *Je détruirai par l'eau* », dit Dieu. Dans le cas de Sodome et Gomorrhe, la ville est détruite par le feu. Les éléments de la nature font partie de son arsenal de destruction massive, comme le sous-entendent ces textes qui vont dans le même sens :

> « Es-tu parvenu jusqu'aux amas de neige ? As-tu vu les dépôts de grêle, que je tiens en réserve pour les temps de détresse, pour les jours de guerre et de bataille ? » (Jb 38.22-23).

> « Dans ma détresse, j'ai invoqué l'Eternel, j'ai crié à mon Dieu ;
> De son palais, il a entendu ma voix,
> Et mon cri est parvenu devant lui à ses oreilles. [...]
> Il était monté sur un chérubin, et il volait,
> Il planait sur les ailes du vent.
> Il faisait des ténèbres sa retraite, sa tente autour de lui,
> Il était enveloppé des eaux obscures et de sombres nuages.
> De la splendeur qui le précédait s'échappaient les nuées,
> Lançant de la grêle et des charbons de feu.
> L'Eternel tonna dans les cieux, le Très Haut fit retentir sa voix,
> Avec la grêle et les charbons de feu.
> Il lança ses flèches et dispersa mes ennemis,
> Il multiplia les coups de la foudre et les mit en déroute » (Ps 18.7,11-15).

> « C'est de l'Eternel des armées que viendra le châtiment, avec des tonnerres, des tremblements de terre et un bruit formidable, avec l'ouragan et la tempête, et avec la flamme d'un feu dévorant. Et, comme il en est d'un songe, d'une vision nocturne, ainsi en sera-t-il de la multitude des nations qui combattront Ariel, de tous ceux qui l'attaqueront, elle et sa forteresse, et qui la serreront de près » (Es 29.6-7).

Précisons que dans le plan original, Dieu ne détruit pas d'une manière sauvage et barbare. Il ne prend pas plaisir à voir le sang couler et des corps déchiquetés. Remarquons en passant que les films de guerre, de mort et de souffrances atroces, sadiques, sont, au travers du cinéma, nos plats de choix, nos sujets de divertissement.

Aux Israélites d'Egypte, Dieu dit :

> « Je vous ferai entrer dans le pays que j'ai juré de donner à Abraham, à Isaac et à Jacob ; je vous le donnerai en possession, moi l'Éternel » (Ex 6.8).

Il ne parle pas de guerre et de sang répandu. Piégé face à la mer et devant les montagnes du désert, Dieu s'adresse au peuple par le biais de Moïse :

> « Ne craignez rien, restez en place, et regardez la délivrance que l'Eternel va vous accorder en ce jour ; car les Egyptiens que vous voyez aujourd'hui, vous ne les verrez plus jamais. L'Eternel combattra pour vous ; et vous, gardez le silence » (Ex 14.13-14).

Il n'y a aucune allusion aux armes et à la nécessité d'autodéfense. « Je combattrai pour vous », en d'autres termes, je le ferai à ma façon.

Comment Dieu détruit-il ?

> « J'enverrai ma terreur devant toi, je mettrai en déroute tous les peuples chez lesquels tu arriveras, et je ferai tourner le dos devant toi à tous tes ennemis. J'enverrai les frelons devant toi, et ils chasseront loin de ta face les Héviens, les Cananéens et les Héthiens » (Ex 23.27-28).

Les dix plaies, la séparation de la mer Rouge, la chute des murailles de Jéricho au son de la trompette, sont les moyens miraculeux de Dieu en vue d'une destruction sans carnage. Rahab, la prostituée, en témoigne :

> « Rahab monta vers eux sur le toit et leur dit : L'Eternel, je le sais, vous a donné ce pays, la terreur que vous inspirez nous a saisis, et tous les habitants du pays tremblent devant vous. Car nous avons appris comment, à votre sortie d'Egypte, l'Eternel a mis à sec devant vous les eaux de la mer Rouge, et comment vous avez traité les deux rois des Amoréens au-delà du Jourdain, Sihon et Og, que vous avez dévoués par interdit. Nous l'avons appris, et nous avons perdu courage, et tous nos esprits sont abattus à votre aspect ; car c'est l'Eternel, votre Dieu, qui est Dieu en haut dans les cieux et en bas sur la terre » (Jos 2.9-11).

Si Dieu a été tenu de changer de plan – car il s'adapte à la liberté de l'homme – c'est à la demande du peuple d'Israël d'agir comme les autres nations guerrières, mais en gérant les choses à sa façon.

Le monde est-il mauvais ?

Le mal est à son comble. Peut-on penser à un monde totalement corrompu et violent, jusqu'au bout des ongles ? La réflexion sur ce plan a été entreprise par toutes les sciences humaines à la suite d'Auschwitz. Nous pouvons, dans une certaine mesure, à partir du nazisme, imaginer un monde méchant.

Holocauste, enfer, solution finale, sont les termes qu'emploient les historiens. Avec ses millions de morts gazés en plein XXe siècle dans l'Allemagne civilisée, luthérienne, le visage du mal incarné par l'homme nazi était celui du diable lui-même.

Comme l'écrit Jean-Claude Barreau dans un article sur les génocides de l'histoire, sans Satan, c'est impossible de se rendre compte de la bêtise humaine.

Dans son *Esprit de l'athéisme*, André Comte-Sponville fait de la médiocrité de l'homme une de ses preuves de l'inexistence de Dieu.

Yves Paccalet, dans son livre *L'humanité disparaîtra, bon débarras !*, nous fait une description décapante de l'homme et se dit comme Comte-Sponville :

> « J'ai peine à imaginer qu'un Dieu, un tant soit peu malin, ait pu créer un être aussi bête et méchant, aussi lâche et cruel, aussi borné et perfide. Je conçois mal que l'évolution darwinienne, qui ne s'encombre ni de morale, ni de finalité,

ni de dessein intelligent, ait pu favoriser une espèce aussi envahissante, nuisible, mal embouchée et peu durable[2]. »

L'écrivain russe Soljenitsyne qui a connu de très près le goulag, dans son livre *Le pavillon des cancéreux*, raconte la promenade dans un parc zoologique de son héros Oleg Kostoglotov. Oleg vient juste de sortir de l'hôpital. Il découvre la cage vide d'un singe sur laquelle un avis écrit à la hâte portait :

> « Le singe qui vivait là est devenu aveugle par suite de la cruauté insensée d'un visiteur. Un méchant homme a jeté du tabac dans les yeux du macaque Rhésus. Pourquoi ? Pourquoi ? Tout simplement, comme ça. Pourquoi ? Sans raison. On dira tout simplement qu'il était méchant[3]. »

Méchanceté gratuite. Faire le mal pour l'amour du mal, c'est le mal absolu. Faire le mal parce qu'on ne sait pas faire autre chose.

En regardant attentivement Adolf Eichmann, un journaliste juif était profondément bouleversé car, dit-il, « il avait l'air d'être comme n'importe qui ». Il ressemblait à Monsieur Tout-le-monde. Normal ! Quand le mal devient normal, le comble est atteint.

Une étincelle de bonté

Mais une question demeure. Jacques Lecomte, spécialiste de la résilience, a écrit un magnifique livre sur la bonté humaine[4]. Il démontre, par de multiples exemples, que l'homme a au fond de lui beaucoup de bonté. Face au coronavirus et dans les périodes de crise, cette bonté se manifeste. Comment donc réconcilier la bonté humaine innée et le mal absolu des antédiluviens ? Bibliquement, cette bonté est le signe que l'image de Dieu n'est pas totalement effacée chez l'homme, même s'il la récuse.

Depuis la création, l'Esprit de Dieu se met au-dessus du monde et la grâce est toujours opérante. Et c'est sur la possibilité d'une repentance, si faible soit-elle, que Noé, le prédicateur de la justice, invite les antédiluviens à la repentance. Cette bonté ne peut être le fruit d'une évolution aveugle, sans finalité, dont le principe de base est la lutte pour la survie du plus fort. Dieu semble espérer, même si selon toute évidence il n'y a plus aucune raison d'espérer, à cause de cette bonté toujours présente.

Paul confirme la possibilité d'obéir à la loi de Dieu sur une base toute naturelle :

---

[2] Yves Paccalet, *L'humanité disparaîtra, bon débarras !*, Paris, Artaud, 2013, p. 19.
[3] Alexandre Soljenitsyne, *Le pavillon des cancéreux*, Paris, Juilard, 1968, p. 666-667.
[4] Jacques Lecomte, *La bonté humaine. Altruisme, empathie, générosité*, Paris, Odile Jacob, 2014.

> « Ils montrent que l'œuvre de la loi est écrite dans leurs cœurs, leur conscience en rendant témoignage, et leurs pensées s'accusent ou se défendent tour à tour » (Rm 2.15).

Cette bonté existe sans reconnaître sa source. Avec arrogance et propre suffisance, elle se pense paradoxalement sans Dieu, sans pourtant nier qu'elle est de racine religieuse, comme l'affirme Comte Sponville qui se définit comme un athée fidèle :

> « Sincèrement, est-ce que vous avez besoin de croire en Dieu pour penser que la sincérité vaut mieux que le mensonge, que le courage vaut mieux que la lâcheté, que la générosité vaut mieux que l'égoïsme ? [...] Bien sûr que non ! Mais ceux qui n'ont pas la foi, pourquoi seraient-ils incapables de percevoir la grandeur humaine de ces valeurs, leur importance, leur nécessité, leur fragilité, leurs urgences, et de le respecter à ce titre[5] ? »

Paul confirme l'existence de cette bonté naturelle chez les païens (Rm 2.15). Cette bonté existe sans que son auteur ne reconnaisse sa provenance. Elle se pense, paradoxalement, sans Dieu, tout en reconnaissant qu'au travers de la culture et de l'éducation, ses racines sont chrétiennes.

Un récit pour parler de fin des temps

Répondons à une autre question : ce déluge, est-il une réalité historique ou symbolique ? Cette question, on se la pose sur bien d'autres récits de la Bible. Selon Frank Michaeli, dans son commentaire sur la Genèse : « Il est incontestable que dans les traditions lointaines de plusieurs peuples de l'Orient, on retrouve des histoires de déluge. » La théologie confirme que de vastes territoires mésopotamiens ont connu des inondations foudroyantes, laissant des dépôts d'alluvions impressionnants.

Utnapishtim, l'ancêtre de Gilgamesh, après une intervention des dieux pour détruire l'humanité par un déluge, réussit à échapper à la catastrophe en construisant un bateau qui s'immobiliserait sur une montagne après l'arrêt des pluies. Quand il sortit de son bateau, il offrit des sacrifices aux dieux et retrouva ainsi leurs faveurs. La ressemblance avec le récit biblique est frappante. On peut se demander logiquement quelle est la première source.

Soulignons quand même, et c'est important, que le Dieu de la Bible n'a rien des mesquineries et de la violence des dieux mythologiques, que ce soit dans les récits de la création et autres.

---

[5] André Comte Sponville, *L'esprit de l'athéisme. Introduction à une spiritualité sans Dieu*, Paris, Albin Michel, 2011, p. 32.

Dans ce récit du déluge, nous avons un modèle, un canevas qu'il nous faut toujours avoir à l'esprit pour notre interprétation de la fin des temps. A toutes les époques de l'histoire biblique, nous avons un message concernant la fin des temps. Cette notion traverse toute la Bible. Pour bien la comprendre, il faut avoir une vue d'ensemble des différentes périodes de l'histoire biblique et des différents modèles de fin des temps qui nous sont proposés.

Mentionnons ces différents modèles :

- ✓ Le modèle de Noé confirmé par Jésus et Pierre
- ✓ Le modèle de Sodome et Gomorrhe confirmé par Jésus et Jude
- ✓ Le modèle de Babel
- ✓ Le modèle d'Abraham
- ✓ Le modèle de Moïse de l'histoire d'Israël
- ✓ Le modèle des prophètes dans les messages desquels allusion est faite aux nations, à la nature humaine, à l'univers, à la guerre et au rétablissement d'Israël
- ✓ Le modèle intertestamentaire, dont le vocabulaire apocalyptique est repris dans le Nouveau Testament
- ✓ Le modèle du Nouveau Testament, celui de Jésus dans les évangiles et celui de Paul, Pierre, Jude, Jean dans leurs épîtres, et enfin l'Apocalypse.

Dans son livre *What the Bible Says about the end-time*, Jon Paulien analyse ces différents modèles. Il y découvre quatre points essentiels dont il faut tenir compte : 1) Un déclin moral ; 2) Une proclamation du salut ; 3) Un jugement et 4) Le salut d'un reste.

Une compréhension globale de la notion de fin des temps nous protégera contre des interprétations farfelues, absurdes et sectaires à partir des événements ponctuels et des faits divers de l'actualité : l'homme sur la lune, l'élection de John Kennedy, la guerre des six jours, le bug informatique de l'an 2000, les voyages interreligieux de Jean-Paul II, la chute du communisme, le 11 septembre 2001, et même l'élection de Donald Trump, ont tous servis avec enthousiasme comme éléments certains du retour de Jésus-Christ dans un temps très proche. J'ai entendu personnellement des sermons en grand nombre à partir de tous ces scoops de l'actualité.

Un récit à actualiser

Actualisons cette histoire du déluge. Jésus, nous l'avons vu, en parle dans son discours sur la fin des temps. Il termine par cette injonction : Veillez donc !

Tenez-vous prêts ! Pourquoi cette insistance sur la vigilance ? Parce que personne ne sait le jour et l'heure de son retour, et par voie de conséquence, de la fin du monde. Il viendra comme un voleur. L'histoire se répète, avons-nous l'habitude de dire. Un homme averti en vaut deux, c'est encore une ritournelle habituelle. Bien sûr, ces dictons sont perspicaces et pleins de sagesse. Malgré tout, l'homme est toujours pris au dépourvu. Il est toujours surpris. Dans le cadre de la France, en 2006, le docteur Raoult, après le SRAS et le H1N1, avait dit très sérieusement que d'autres pandémies plus graves nous attendaient. Dans une intention de prévoyance, l'ancienne ministre de la Santé, Roselyne Bachelot, avait fait un stock de masques et de vaccins. Elle fut accusée de naïveté, d'irréalisme et d'inconséquence. On a, par la suite, déstocké et délocalisé les industries de production. L'économie passait avant la santé. Les politiciens de l'opposition fustigent le gouvernement et l'accuse de négligence et de légèreté. Mais c'est partout la même chanson : aucun pays n'était prêt à faire face à ce coronavirus.

Au fond, cette imprévoyance n'est-elle pas le fruit d'une civilisation qui se croit devenue invincible et maître de son destin ? La tentation ridicule, absurde et irrationnelle du rat qui, selon La Fontaine, se croit et voudrait être un éléphant, et de la grenouille qui rêve d'être un bœuf, est l'essence même du mal. C'est la tentation de l'homme-dieu. Le coronavirus rappelle à l'homme qu'il est vulnérable, petit, fragile et interdépendant. Sa science peut beaucoup mais ne peut pas tout. Il va sur la lune et décrit dans les détails l'évolution de la vie il y a des millions d'années, mais ne peut maîtriser un virus de la taille d'un micron. D'ailleurs, les plus grands experts se contredisent et reconnaissent leur ignorance.

Au début, l'Amérique de Trump y voyait un virus chinois, bref, une chinoiserie. Les ministres parlaient d'une « grippette ». Chaque pays attendait son tour, et c'est encore le cas, sans nullement apprendre quoi que ce soit des pays déjà contaminés, et ainsi un temps précieux a été perdu, et surtout des milliers de vies.

A la conférence de Johannesburg sur le développement durable, Jacques Chirac disait : « Notre maison brûle et nous regardons ailleurs. » J'ai parfois l'impression que par orgueil les gouvernements ne prennent même pas la peine de regarder.

Le syndrome du Titanic est toujours d'actualité. C'était le plus gros paquebot de l'époque. On l'a comparé à un titan. Son histoire est dans toutes les mémoires. On le disait insubmersible. En une nuit, il disparut. Deux bateaux, par des messages répétés, le Californian et le Coronia, l'avaient averti plusieurs fois du danger imminent (icebergs). Bride, l'opérateur radio, agacé et occupé à faire autre chose, n'accusa pas réception. Il répondit même à un des messagers : « Ferme-la, tu brouilles mes émissions ! » Comme l'écrit Nicolas Hulot, des milliardaires occupant des suites de luxe, des immigrants entassés en fond de cale, étaient tous embarqués dans le même voyage pour le même naufrage.

Le confinement actuel est mondial, un confinement qui reflète les divisons et les inégalités de la société. Mais face au virus et à ses conséquences mortelles, la peur et l'angoisse de la mort sont les mêmes pour tous.

Allons-nous vers un changement de paradigme ? On pourrait le croire en entendant les prévisions des experts. Le monde ne sera le plus même. Il faudra changer de politique. Il faudra changer de comportement. Attendons de voir ! Après le 11 septembre, on a entendu le même refrain. La solidarité exemplaire « Nous sommes tous Charlie » n'a pas non plus duré longtemps !

Un changement de paradigme est un changement de vision du monde. C'est un changement dans la perception de la réalité, ayant un impact déterminant sur le comportement. Les époques changent, les cultures s'interpénètrent et les comportements évoluent.

Nous pouvons identifier dans l'histoire plusieurs paradigmes. Allons-nous voir après le coronavirus l'utilisation des masques par tous, et cela sans discussion ?

Le passage introductif de l'histoire du déluge nous surprend. Il est fort curieux et énigmatique. Il nous renvoie à un thème classique de la mythologie du paganisme, des mariages entre des êtres divins et des êtres humains, ce qui est impensable dans le cadre des histoires bibliques.

Pouvons-nous, à partir d'une étude des expressions « fils de Dieu, fille des hommes, géants » dans la Bible, arriver à des conclusions plus acceptables ? Pourquoi ne pas voir tout simplement, en opposition à l'explication moralisante et d'un reste mythologique, des païens dans l'histoire biblique ? Ces versets, dans l'esprit des passages sur la fin du monde, mettent en évidence le degré de corruption du cœur humain, où les éléments de nature contraire se mélangent.

Le principe de différenciation est fondamental dans le récit de création des origines. L'ordre dépend du respect des limites où Dieu, l'homme, la femme, les animaux et les végétaux ne se mélangent pas. Quand il y a un amalgame des tailles et des formes identitaires, la corruption est inévitable. Elle atteint son comble.

Dans son livre *La philosophie devenue folle, le genre, l'animal, la mort*, Jean-François Braunstein analyse en profondeur la tendance contemporaine de l'effacement des frontières. Il écrit :

« L'erreur consiste à vouloir effacer les limites entre les sexes, entre les animaux et les humains, entre les vivants et les morts. On pourrait ajouter entre l'homme et la machine. Au-delà de ces ratiocinations politiquement correctes, il est certain que de telles prises de position manifestent une volonté déterminée d'effacer, au sens strict, toutes les frontières, celle fondamentale de la dualité des sexes, celle traditionnelle qui sépare l'homme de l'animal, celle sacrée qui, pour les humains, trace la ligne entre vivant et mort[6]. »

Marchons-nous vers un gouvernement mondial ? L'économiste Jacques Attali en est convaincu. Il en parle longuement dans son livre *Qui dirigera le monde ?* Face aux menaces planétaires, ne faudrait-il pas une cohésion, un rassemblement des forces planétaires ? Ne faudrait-il pas construire une tour technologique vertigineuse de protection et de prévision permettant de voir de très loin, de voir venir les événements et y faire face ? Le coronavirus semble l'exiger. Mais l'expérience humaine donnerait raison à Paul : « Quand les hommes crieront paix et sûreté, une ruine soudaine les surprendra » (1Th 5.3).

Avec ce coronavirus, l'ADN humain gît sur la place publique. Le sauve-qui-peut individualiste et nationaliste est au rendez-vous. Des boucs émissaires, on en cherche et on en trouve. Depuis l'Eden c'est ainsi. Rien de nouveau sous le soleil. Grandeur et laideur se croisent. Les antédiluviens avaient-ils peur ? Apparemment non, et cela se comprend puisqu'ils n'avaient jamais vu de pluie. 80 % des Français sont angoissés, mais cela n'empêche pas des attitudes désinvoltes et irresponsables.

« Seul Dieu parle bien de Dieu », dit Pascal. En conséquence, la Bible interprète la Bible. Pour Jésus, comme nous l'avons vu, le temps de Noé est un présage du temps de la fin. Le déluge est une édition de poche de la destruction finale. Noé et sa famille sont les types du reste qui sera sauvé. La Bible est un livre de salut mais non de catastrophe.

Paul voyait dans le passage de la mer Rouge une figure du baptême. De même, Pierre voit dans les eaux du déluge une expression de l'engagement du baptême. Si par droit de création nous sommes les enfants de Dieu, nous ne le sommes pas par droit de rédemption ; le péché, nous ayant coupés de Dieu, nous sommes privés de la gloire de Dieu.

Dans son amour, Dieu voudrait nous ramener à lui. C'est la bonne nouvelle de l'Evangile. Il se tient à la porte de nos cœurs, il attend et il frappe. Il fait signe parce qu'il voudrait que tous parviennent au salut.

---

[6] Jean-François Braunstein, *La philosophie devenue folle, le genre, l'animal, la mort*, Paris, Grasset, 2018, p. 380.

L'enfant, qui revient librement et en toute connaissance de cause, revient comme un fils et une fille. Comme l'arc-en-ciel qui était le signe visible d'une relation renouvelée, les eaux du déluge renvoient au baptême qui est, selon Jésus, une nouvelle naissance. Ce baptême qui fait office de passeport pour le ciel est absolument nécessaire pour y entrer.

> « Jésus répondit : En vérité, en vérité, je te le dis, si un homme ne naît d'eau et d'Esprit, il ne peut entrer dans le royaume de Dieu » (Jn 3.5).

> « Allez par tout le monde, et prêchez la bonne nouvelle à toute la création. Celui qui croira et qui sera baptisé sera sauvé, mais celui qui ne croira pas sera condamné » (Mc 16.15-16).

Ne tentez pas Dieu !
Le Psaume 91 à l'épreuve du coronavirus

Marcel Ladislas[1]

Plus de 60% des quelque 8200 cas de Covid-19 recensés en Corée du Sud sont liés à l'Eglise Shincheonji de Jésus. Une de ses adeptes avait assisté à quatre cérémonies religieuses dans la ville de Daegu, devenue l'épicentre de l'épidémie, avant d'être diagnostiquée comme porteuse du virus.

En Israël, les communautés ultraorthodoxes des Haredim ont refusé de fermer les yeshivot, les écoles et les synagogues. Aujourd'hui, c'est là que se trouvent les foyers de contamination les plus importants, à Méa Shéarim, un quartier de Jérusalem et à Bené Brak.

Aux Etats-Unis, bon nombre d'églises évangéliques sont devenues des îlots de coronavirus, pour avoir refusé de fermer leurs portes.

Tous ces religieux se croyaient à l'abri de la pandémie et tous invoquaient le psaume 91 comme on brandit un talisman. Beaucoup utilisent ce psaume comme un prétexte pour affirmer que les enfants de Dieu seront protégés de ce virus et que ce serait manquer de foi que de se confiner et de pratiquer les gestes barrières. N'est-ce pas « le Dieu Puissant » qui peut endiguer l'épidémie et nous protéger du virus ?

Loin de moi de vouloir *déconstruire* le psaume, mais plutôt la lecture que nous en faisons. Le psaume est beau, magnifique et vrai.

En voici une traduction[2] structurée, avant de l'explorer, pas à pas :

---

[1] Marcel Ladislas est professeur d'Ancien Testament à la Faculté adventiste de théologie de Collonges-sous-Salève (France).
[2] La base de cette traduction est la TOB, avec quelques adaptations et inclusions spécifiques, notamment concernant les noms de Dieu.

A. Invitation à se confier en Dieu
¹Celui qui habite là où se cache le Très-Haut
    passe la nuit à l'ombre de Shaddaï.
    ²– Je dis de YHWH : « Il est mon refuge, ma forteresse,
        mon Dieu : en lui je me confie ! » –
    ³C'est lui qui te délivre du filet de l'oiseleur
        et de la peste pernicieuse.
⁴De ses ailes il te fait un abri, et sous ses plumes tu te réfugies.
    Sa vérité est un bouclier et une armure.

B. Tu ne craindras pas
    ⁵Tu ne craindras ni la terreur de la nuit,
        ni la flèche qui vole au grand jour,
        ⁶ni la peste qui marche dans l'obscurité,
            ni l'épidémie qui razzie en plein midi.
        ⁷S'il en tombe mille à ton côté et dix mille à ta droite,
            toi, tu ne seras pas atteint.
    ⁸Ouvre seulement les yeux et tu verras
        comment sont payés les infidèles.

C. Invitation à se cacher en Dieu
    ⁹Oui, YHWH, c'est toi mon refuge ! –
        Tu as fait du Très-Haut ta demeure,
        ¹⁰il ne t'arrivera pas de malheur,
            aucun coup ne menacera ta tente,

B' Ordre aux anges
    ¹¹car il chargera ses anges
        de te garder en tous tes chemins.
    ¹²Ils te porteront dans leurs bras
        pour que ton pied ne heurte pas de pierre ;
    ¹³tu marcheras sur le lion et la vipère,
        tu piétineras le tigre et le dragon.

A' Oracle de salut
¹⁴– Puisqu'il s'attache à moi, je le libère,
    je le protégerai car il connaît mon nom.
    ¹⁵S'il m'appelle, je lui répondrai,
        je serai avec lui dans la détresse ;
        je le délivrerai et le glorifierai ;
¹⁶je le comblerai de longs jours
    et je lui manifesterai mon salut.

Une invitation à se confier en Dieu (Ps 91.1-4)

La première strophe nous rappelle une vérité : Dieu, nous pouvons lui faire confiance. Le psalmiste parle à partir d'un lieu, d'une relation personnelle, de foi avec Dieu : « Je dis de YHWH [le Dieu de l'alliance], il est mon refuge... en lui je me confie » (Ps 91.2). Il invite son interlocuteur à cette même confiance, à habiter dans l'intimité de Dieu, le *sètèr*, « la cache » de Dieu, à nous y confiner (sic) ! Sous ses ailes, nous sommes à l'abri, protégés, belle image parentale[3] ! Mais cela veut-il dire que nous sommes dédouanés de toute mesure de prudence ? Que non ! Joseph s'enfuit en Egypte, sur le conseil avisé de Gabriel, parce que Hérode veut s'en prendre au bébé de Marie (Mt 2.13-14). J'aime la note de Stan Rougier sur le premier verset du psaume : « Le mot *El Shaddaï*, traduit généralement par « le Puissant », a une connotation d'effacement. Dieu s'efface pour que l'homme collabore avec lui[4]. » La foi n'annihile pas le bon sens. Il faut raison garder.

Le verset 3 déclare : « C'est lui qui *te délivre* (*yatstsilka*) du filet du chasseur et de la peste pernicieuse. » L'expression « te délivre », ou mieux « peut te délivrer » contient une nuance modale[5]. Dieu a protégé ses enfants à Goshen, pendant les plaies d'Egypte. A maintes et maintes reprises, il a prouvé sa capacité de sauver, comme l'affirme par ailleurs le psalmiste : « Le Seigneur *sait* délivrer de l'épreuve les gens pieux » (Ps 37.39-40). L'apôtre Pierre va dans le même sens quand il écrit : il « *peut* arracher à l'épreuve » (2P 2.9). Néanmoins, le croyant ne fait pas dépendre sa confiance en Dieu de l'immunité que lui octroierait Dieu. Admirez l'attitude des trois Hébreux face à Nabuchodonosor : « Si notre Dieu que nous servons *peut* nous délivrer de la fournaise de feu ardent et de ta main, qu'il nous délivre de ta main, ô roi. *Même s'il ne le fait pas...* » (Dn 3.17-18). Oui, Dieu reste libre. Laissons-lui décider de notre vie !

---

[3] Shaddaï nous présente une image maternelle de Dieu, confortéé par l'image de l'oiselle qui protège ses petits (v. 4). Cf. Deutéronome 49.25 : « Par *El,* ton père, qu'il te vienne en aide, par *Shadday* [le côté maternel du divin], qu'il te bénisse ! Les bénédictions *des cieux* [*shamayim*] d'en haut, les bénédictions de l'abîme étendu sous terre, les bénédictions *des mamelles* [*shadayim*] et *du sein* [*raham*] ». Ici, le poète fait une assonnance entre *Shadday*, *shamayim* et *shadayim*. Martin Buber, en tenant compte des six passages de la Genèse où Shaddaï est employé en lien avec le don d'un fils, conclut que Shaddaï désigne « la divinité en tant qu'artisan de la fécondité humaine, donc en tant que puissance fondatrice de la souche des hommes » (Martin Buber, *Moïse*, Paris, Presses Universitaires de France, 1957).

[4] Stan Rougier, *Entre larmes et gratitude*, Paris, Cerf, 2009, p. 207.

[5] Paul Jouön, *Grammaire de l'hébreu biblique*, Rome, Institut biblique pontifical, 1923, § 113l.

« Sa vérité » (Ps 91.4b), les enseignements qu'il nous a donnés, constituent notre unique sauvegarde[6]. Dans sa Parole, Dieu a prodigué des consignes d'hygiène, des mesures prophylactiques pour contenir les épidémies. Les règles d'hygiène que le ministère de la Santé a édictées ne vont pas à l'encontre des directives du Lévitique.

> « Lorsque le clergé d'Ecosse adressa à Lord Palmerston, premier ministre d'Angleterre, une pétition pour le prier de fixer un jour de jeûne et de prière en vue de demander au Seigneur d'éloigner le choléra, ce magistrat répondit : "Nettoyez et désinfectez vos rues et vos maisons, cultivez la propreté et la santé chez les pauvres, et veillez à ce qu'ils soient abondamment pourvus de nourriture et de vêtements ; en un mot, recourez à des mesures sanitaires générales et intelligentes, et il n'y aura plus lieu de recourir au jeûne et à la prière. Ne vous attendez pas à ce que le Seigneur exauce vos prières jusqu'à ce que vous ayez pris garde à ces mesures préventives qui sont les siennes"[7]. »

Le lavage des mains est un geste aujourd'hui banal dans les établissements de santé, la première règle en matière d'hygiène. Mais il y a 150 ans, se laver les mains n'était pas la priorité des médecins. Ignace Philippe Semmelweis (1818-1865), un obstétricien hongrois, a imposé des mesures d'asepsie à un moment où sévissait dans les maternités la fièvre puerpérale. Les étudiants en médecine d'une maternité pratiquaient des autopsies, puis sans se laver les mains, allaient ensuite examiner et accoucher des jeunes femmes. Semmelweis était convaincu que se laver les mains à l'hôpital limiterait la propagation de maladies et le nombre de mères qui mourraient en couche, et cette simple mesure d'hygiène, se laver les mains, fit chuter le taux de mortalité de façon spectaculaire et combattit le fléau. De simples règles peuvent sauver des vies ; notre responsabilité sociale, notre amour de l'autre, sont engagés.

Un conseil : combattre la crainte (Ps 91.5-8)

La seconde strophe de notre psaume montre que la confiance en Dieu est un puissant antidote contre la peur, l'angoisse. L'effroi dérobe notre foi. L'accent est mis sur la non-panique : « Tu ne *craindras* ni la *terreur*... ni... ni... ni... Un verbe régit les versets 5 et 6 : Ne pas craindre. Stan Rougier propose une traduction dynamique : « *Tu n'auras plus d'angoisse* quand vient la nuit. » L'angoisse nous paralyse, elle est un facteur qui péjore la situation, grossit la réalité, la rend plus menaçante qu'elle ne l'est.

---

[6] « Le Saint est appelé Esprit de vérité. Son œuvre consiste à établir et à maintenir la vérité. Il commence par habiter dans le cœur en tant qu'Esprit de vérité, et c'est ainsi qu'il devient un consolateur. La consolation et la paix procèdent de la vérité ; **il ne peut y avoir de vraie consolation dans l'erreur** » (Ellen White, *Jésus-Christ*, Dammarie-lès-Lys, Signes des Temps, 1975, p. 674. C'est nous qui soulignons).

[7] Ellen White, *Tempérance chrétienne*, Bâle, Librairie polyglotte, 1900, p. 159-160.

Vous connaissez le conte de *La Peste et la Peur* d'Anthony de Mello ? « La Peste était en route vers Damas et croisa à toute vitesse la caravane d'un chef dans le désert. "Où allez-vous si vite ?" s'enquit le chef. "A Damas, j'ai l'intention d'y prendre mille vies". Au retour de Damas, la Peste croisa de nouveau la caravane. Le chef dit : "C'est cinquante mille vies que vous avez prises, non mille". "Non, dit la Peste : j'en ai pris mille. C'est la Peur qui a pris le reste"[8]. »

La confiance en Dieu est un remède qui peut booster notre immunité[9]. Néanmoins, le psalmiste ne nous garantit pas l'immunité totale, l'invulnérabilité absolue en cas d'épidémie ! Mais alors, comment comprendre le verset 7 : « Tu ne seras pas atteint » ? Les victimes autour de nous tomberont comme des mouches mais seul(s) nous survivrons ? Est-ce vraiment ce qu'il signifie ?

Une manière d'aborder les versets 5 à 7, c'est d'identifier les ennemis :
    a) v. 5 « terreur » et « flèche »,
    b) v. 6 « peste » et « épidémie[10] »,
    a') v. 7 « un millier » et « une myriade [d'ennemis] ».

André Chouraqui traduit le verset 7 comme suit : « Un millier tombe à tes côtés, une myriade à ta droite : rien ne s'avancera contre toi » ; et il commente : « Protégé, tu le seras aussi contre les risques de la guerre[11] ». Il suit la leçon de Rabbi Salomon Isaac (Rashi)[12] qui propose pour « tomber », le sens de « camper », se fondant sur le texte de Genèse. 25.18 : « Ismaël *s'établit* en face de ses frères », littéralement « [Ismaël] *tomba* en face de ses frères. » On rapproche ce verset d'un texte parallèle : « [Ismaël] établira sa demeure en face de tous ses frères » (Gn 16.12). En Genèse 25, la TOB garde le sens de « tomber » et rend le texte astucieusement par « chacun face à tous ses frères, *prêt à leur tomber dessus* ». Le même verbe est traduit en Juges 7.12 par « s'abattre » : « Madiân, Amalec et tous les fils de l'Orient *s'étaient abattus* sur la vallée comme une multitude de criquets. » Si un millier ou une myriade fonce contre ton flanc, il ou elle

---

[8] Anthony de Mello, *Histoires de sagesse et d'humour, Dieu est là dehors*, tome II, Paris, Bellarmin/Desclée de Brouwer, 1992, p. 109.
[9] « L'air pur, le soleil, l'abstinence, l'eau, le repos, l'exercice, une alimentation judicieuse, *la confiance en Dieu*, voilà les vrais remèdes » (Ellen White, *Le ministère de la guérison*, Mountain View, Pacific Press, 1977, p. 102). « Le courage, l'espérance, la foi, la sympathie, l'affection favorisent la santé et prolongent la vie. "Un cœur joyeux est un bon remède". La gratitude, la joie, la bienveillance, *la confiance en Dieu*, voilà ce qui préserve la santé » (*ibid.*, p. 207).
[10] Nous adoptons la traduction de Luis Alonso Schöckel et Cécilia Carniti, *Nueva Biblia Espanola, Salmos II (Salmos 73-150)*, Estrella, Verbo Divino, 1993, p. 1182.
[11] André Chouraqui, *Les Psaumes - Louange*, Paris, Edition du Rocher, 1996, p. 476.
[12] Menachem Cohen (éd.), *Mikra'ot Gedolot 'Haker', A revised and augmented scientific edition of 'Mikra'ot Gedolot' based on the Aleppo Codex and Early Medieval MSS, Psalms, part II*, [en hébreu], Ramat-Gan, Bar Ilan University, 2004, p. 75.

n'approchera pas de toi. Stan Rougier module : « Mille flèches tomberont à ta gauche, dix mille à ta droite. Tu seras hors d'atteinte[13]. »

Mais la réalité est plus complexe. Oui Dieu protège ! L'auteur de l'épître aux Hébreux affirme :

> « Le temps me manquerait pour parler en détail de Gédéon, Baraq, Samson (sic !), Jephté, David, Samuel et les prophètes, eux qui, grâce à la foi, conquirent des royaumes, mirent en œuvre la justice, virent se réaliser des promesses, muselèrent la gueule des lions, éteignirent la puissance du feu, échappèrent au tranchant de l'épée, reprirent vigueur après la maladie, se montrèrent vaillants à la guerre, repoussèrent les armées étrangères » (Hé 11.32-34).

Mais qu'en est-il d'Abel, tué par son frère Caïn ? Le comble : Dieu protège Caïn et met un signe protecteur sur lui, mais n'a pas empêché le meurtre d'Abel ? Qu'en est-il de Jean le baptiseur ? Des martyrs ? Rappelez-vous qu'Abel apparaît en tête de liste des fidèles dans cette galerie du chapitre 11 (v. 4). Et la liste s'achève avec des martyrs :

> « Mais d'autres subirent l'écartèlement, refusant la délivrance pour aboutir à une meilleure résurrection ; d'autres encore subirent l'épreuve des moqueries et du fouet et celle des liens et de la prison ; ils furent lapidés, ils furent sciés ; ils moururent tués à coups d'épée » (Hé 11.35b-37a).

« *Ne craignez pas celui qui peut tuer le corps, mais celui qui peut tuer l'âme et le corps dans la géhenne.* » Ta vie est-elle **cachée** en Dieu[14] ? Habites-tu dans la cache, dans l'intimité du Très-Haut... » ? Es-tu « confiné » dans l'infini ?

Une invitation à se cacher en Dieu (Ps 91.9-10)

Nous sommes prêts à aborder la strophe centrale. C'est cachés... en Dieu, que nous n'avons rien à craindre. Le verset 9 renvoie aux deux premiers versets. Notez le chiasme :

    a) Dans la « cache » du Très-Haut (v. 1)
    b) Je dis de YHWH : *Il est mon refuge...* (v.2)

    b') YHWH, c'est toi *mon refuge* (v. 9a)
    a') Tu as fait du Très-Haut ta demeure (v.9b)

Dieu comme lieu de confinement, comme « refuge ». Voilà une expérience : vivre avec Dieu au plus intime de nous-même. Jésus propose la même dynamique :

> « Pour toi, quand tu veux prier, entre dans ta chambre la plus retirée, verrouille ta porte et adresse ta prière à ton Père qui est là dans le secret. Et ton Père, qui voit dans le secret, te le rendra » (Mt 6.6).

---

[13] Stan Rougier, *op. cit.*, p. 207.
[14] Col 3.3-4 : « Car vous êtes morts, et **votre vie est cachée** avec **Christ en Dieu**. Quand **Christ, votre vie**, paraîtra, alors vous paraîtrez aussi avec lui dans la gloire. »

En b) et b') nous avons deux bulles où le psalmiste parle de son expérience avec Dieu.

Dans le mystère pascal, la mort et la résurrection du Christ colorent d'espérance notre vie. Le Christ a endossé notre humanité, notre vulnérabilité et a assumé notre condition de mortel. Il a accepté de mourir pour vaincre la mort et, par sa résurrection, il rend notre résurrection possible. Nous sommes « fils de Dieu étant fils de la résurrection » (Lc 20.36b). Pour Paul, le mystère pascal transfigure notre vie, reconfigure notre existence : « Car vous êtes morts, et **votre vie est cachée avec Christ en Dieu**. Quand **Christ, votre vie**, paraîtra, alors vous paraîtrez aussi avec lui dans la gloire » (Col 3.3-4).

Comment comprendre le verset 10 : « Il ne t'arrivera aucun malheur » ? Il est intéressant de se rappeler qu'alors que leur frère était souffrant, « les sœurs de Lazare envoyèrent dire à Jésus : Seigneur, celui que tu aimes est malade » (Jn 11.3). Elles espéraient un miracle pour *éviter* la mort. Qu'a répondu Jésus ? « Cette maladie n'est point à la mort ; mais elle est pour la gloire de Dieu » (Jn 11.4). Pourtant le malade, celui que Jésus aime, finit par agoniser et mourir. Jésus n'*évite* pas à « celui qu'il aime » la souffrance, la maladie, la mort. Son Dieu n'est pas le Dieu de l'évitement. Il n'évite pas aux sœurs le chagrin et la sidération du deuil. Jésus lui-même ne reste pas insensible à leur douleur, il pleure (Jn 11.35). Nous avons un corps faillible, vulnérable. Même si Dieu nous aime, il ne nous évitera pas toujours d'échapper à notre humaine condition. Mais Jésus a fait une promesse à Marthe :
> « Je suis la résurrection et la vie : celui qui croit en moi, même s'il meurt, vivra ; et quiconque vit et croit en moi ne mourra jamais. Crois-tu cela ? » (Jn 11.25-26).

Paul nous dit : « Nous savons d'autre part que tout concourt au bien de ceux qui aiment Dieu, qui sont appelés selon son dessein » (Rm 8.28). Pour Simon Legasse, « "tout" recouvre bonheur et malheur, joies et peines, circonstances favorables et défavorables[15] ». Par la grâce, le malheur est transfiguré. La résilience de Joseph est remarquable à cet égard. Malgré toutes les épreuves qu'il traverse, il a une lecture théologique de la situation :
> « Vous avez voulu me faire du mal, Dieu a voulu en faire du bien : conserver la vie à un peuple nombreux comme cela se réalise aujourd'hui » (Gn 50.20).

Un ordre aux anges (Ps 91.11-13)

Jésus est tenté par le diable qui lui cite ce psaume :
> « Alors le diable l'emmène dans la Ville Sainte, le place sur le faîte du temple et lui dit : "Si tu es le Fils de Dieu, jette-toi en bas, car il est écrit : Il donnera pour

---

[15] Simon Legasse, *L'épître de Paul aux Romains*, Paris, Cerf, 2002, p. 529.

toi des ordres à ses anges et ils te porteront sur leurs mains pour t'éviter de heurter du pied quelque pierre" » (Mt. 4.5-6).

Bel exemple d'un mauvais emploi du psaume. Les versets 11-12 sont détournés par Satan pour tenter Jésus au désert. Si nous pensons que l'on est immunisé en faisant fi de la parole de Dieu, nous nous trompons lourdement. Dire que les anges nous protègent alors même que nous allons à l'encontre des règles de prévention, c'est user de la rhétorique du diable. Il veut pousser Jésus à un acte de témérité, qui serait pure présomption[16], ce ne serait pas faire preuve de confiance en Dieu. Ne pas respecter les gestes barrières et la distanciation physique requise pour ne pas être contaminé ni contaminer les autres, c'est faire preuve d'inconscience, de bêtise ou de mauvaise foi, d'un manque d'amour et de responsabilité sociale.

Intéressante, la réplique du Christ : « Il est aussi écrit : Tu ne tenteras pas le Seigneur ton Dieu [Dt 6.16]. » Il ne convient pas de tenter Dieu. Voici l'analyse que fait Pierre Bonnard, dans sa thèse, sur cet échange entre le diable et Jésus :

« Satan fait un usage littéraliste du Psaume 91 ; Jésus lui répond par un procédé que nous appellerions d'exégèse théologique : il est bon d'avoir confiance en Dieu, encore faut-il que cette confiance ne déguise pas une intention secrète, ou même inconsciente, d'asservir la puissance de Dieu à l'ambition religieuse de l'homme[17]. »

Bien sûr que plusieurs textes attestent que Dieu accomplit à la lettre sa promesse (Dn 6.23 ; Ac 28.5). Mais ne tentons pas le diable ! Ou plutôt ne tentons pas Dieu ! Ne jouons pas à la roulette russe ! Ne faisons courir de risque à personne !

Un oracle de salut (Ps 91.14-16)

Pour terminer, le psalmiste laisse le dernier mot à Dieu. Nous avons un oracle de salut. La strophe se compose de deux distiques (v. 14 et 16), et d'un tristique médian (v. 15) avec comme pointe : « Je serai avec lui *dans la détresse* ». Si le texte parle de salut, c'est parce que le croyant encourt un risque réel. Une fois encore, Dieu n'est pas le Dieu de l'évitement. Paul Claudel l'exprime bien : « Dieu n'est pas venu supprimer la souffrance. Il n'est même pas venu l'expliquer, mais il est venu la remplir de sa présence ». En Jésus, nous avons *Dieu avec nous* dans nos détresses, dans nos souffrances. Il ne nous promet pas de nous exempter des

---

[16] « La foi ne peut être l'alliée de la présomption. Celui-là seul qui a la vraie foi est à l'abri de la présomption. Car celle-ci est la contrefaçon diabolique de la foi. La foi revendique les promesses divines, et produit des fruits d'obéissance. La présomption revendique elle aussi les promesses, mais elle s'en sert, comme Satan, pour justifier le péché » (Ellen White, *Jésus-Christ*, p. 109).

[17] Pierre Bonnard, *L'Evangile de Matthieu*, Commentaire du Nouveau Testament, vol. 1, Neuchâtel, Delachaux et Niestlé, 1963, p. 45.

difficultés et des épreuves, mais il promet sa présence. Il a sauvé Jean de l'huile bouillante mais n'a point empêché le martyre des dix autres apôtres, ni celui de Paul. « Quand je marche dans la vallée de l'ombre de la mort, je ne crains aucun mal, car *tu es avec moi* » (Ps 23.4). Dieu n'est pas le Dieu de l'évitement, il est celui « *qui n'a pas épargné* son propre Fils, mais l'a livré pour nous tous » (Rm 8.32). Mais nous restons assurés que, dans les ténèbres du calvaire, Dieu était présent[18]. Nous ne sommes pas épargnés nous non plus, nous assure Paul :

> « Qui nous séparera de l'amour du Christ ? *La détresse, l'angoisse, la persécution, la faim, le dénuement, le danger, le glaive ?* selon qu'il est écrit : A cause de toi nous sommes mis à mort tout le long du jour, nous avons été considérés comme des bêtes de boucherie. Mais en tout cela, nous sommes plus que vainqueurs[19] par celui qui nous a aimés. Oui, j'en ai l'assurance : ni la mort ni la vie, ni les anges ni les dominations, ni le présent ni l'avenir, ni les puissances, ni les forces des hauteurs ni celles des profondeurs, ni aucune autre créature, rien ne pourra nous séparer de l'amour de Dieu manifesté en Jésus Christ, notre Seigneur » (Rm 8.35-39).

En conclusion, le psalmiste nous invite à nous cacher en Dieu, à faire de lui notre *ma'on*, « refuge ». Or dans le Psaume qui précède, *ma'on* (90.1) fait inclusion avec *no'am* (90.17) « douceur[20] ». Demeurez dans le refuge, c'est demeurer dans la douceur, dans l'amour. D'ailleurs, Stan Rougier, dans sa variation du Psaume, a traduit : « Celui qui demeure dans le cœur de Dieu[21] ». Quelle meilleure cache que le cœur de Dieu, son amour, sa tendresse, sa bonté. L'amour doit être à la base de notre compréhension de Dieu, de sa Parole. Selon Philippiens 1.9-10, plus notre amour croît, meilleure est notre clairvoyance pour discerner nos priorités. Comment peut-on croire en un Dieu partial ? Nous sommes invités par Jésus à aimer tous les hommes sans discriminer entre le bon et le méchant, l'ami et l'ennemi, « afin que [nous soyons] fils de [notre] Père qui est dans les cieux, car il fait lever son soleil sur les justes et les injustes » (Mt 5.45).

Croire que nous sommes invulnérables, hors d'atteinte par la contagion, limite notre capacité d'empathie envers autrui. S'ils sont atteints par l'épidémie qui marche en plein midi, pour eux, c'est justice, pensons-nous. Et voilà faussée notre notion de la justice ; voilà faussée la balance de notre conscience. Sommes-nous meilleurs que ces soignants qui risquent leur peau au contact des malades ? De ceux qui viennent en aide aux plus fragiles, aux plus démunis ? Nous voilà

---

[18] « Ces épaisses ténèbres cachaient la présence de Dieu. [...] Le Père restait, invisible, près de son Fils » (Ellen White, *Jésus-Christ*, p. 758).
[19] « Jésus leur dit : Je voyais Satan tomber du ciel comme l'éclair. Voici, je vous ai donné le pouvoir de fouler aux pieds serpents et scorpions, et toute la puissance de l'ennemi, et rien ne pourra vous nuire » (Luc 10.18-19). « Le Dieu de la paix écrasera bientôt Satan sous vos pieds. Que la grâce de notre Seigneur Jésus soit avec vous ! » (Rm 16.20).
[20] « Que *la douceur* du Seigneur notre Dieu soit sur nous ! » (TOB, la NBS traduit « *la beauté* »).
[21] Stan Rougier, *op. cit.*, p. 207. « La cache du Très-Haut » de l'hébreu est devenu « le cœur de Dieu » !

comme les amis de Job pour critiquer et blâmer, et par notre indélicatesse alourdir leur fardeau et mettre en péril des vies. Martin Buber raconte :

> « Quand j'étais un enfant, j'ai lu une vieille fable juive que je ne parvenais pas à comprendre. Elle disait ceci et rien d'autre : "Devant les portes de Rome est assis un mendiant lépreux, dans l'attente. C'est le Messie". J'ai alors rencontré un homme âgé auquel j'ai demandé : "Qu'est-ce qu'il attend ?" Et l'ancien me donna une réponse qu'à l'époque je ne réussis pas à comprendre, une réponse que j'ai appris à comprendre seulement bien plus tard. Il a dit : "Il t'attend" ».

Martin Buber fait allusion à un texte tiré du Talmud babylonien dans le traité *Sanhédrin*[22]. Tout d'abord, il est étonnant que le Messie soit présenté dans le traité comme un lépreux parmi d'autres lépreux. Cela m'interpelle, car nous sommes les lépreux – notre lèpre, c'est le péché et Jésus a pris notre péché, notre lèpre sur lui et il nous a donné sa santé, la vie éternelle. Jésus ressemble à ces médecins, ces soignants qui acceptent de sacrifier leur vie pour sauver celle des autres. Ou plutôt ces médecins ressemblent à Jésus ! Et deuxièmement, le Messie est présenté en attente.

Dans le texte du *Sanhédrin*, Rabbi Yehochoua ben Levy rencontra le prophète Elie à l'entrée de la grotte de Rabbi Shimon ben Yohai et lui demanda : « "Quand le Messie viendra-t-il ?" Elie répondit : "Va donc interroger le Messie lui-même". Rabbi Yehochoua va donc trouver le Messie. Il va et le reconnaît parmi les autres lépreux et lui demande : "Maître, quand viendras-tu ?" "Aujourd'hui même", répondit le Messie. Rabbi Yehoshoua retourna vers le prophète Elie et lui dit que le Messie lui a menti, "car il m'a dit "Aujourd'hui", mais il n'est pas venu". » Tu n'as pas compris sa réponse. Le Messie t'a cité un verset des Psaumes (95.7) : « Aujourd'hui, si vous écoutez sa voix ».

Jésus attend que nous écoutions sa voix, que nous aimions le prochain comme nous-même et que notre empathie croisse. Pour ce faire, soyons confinés « dans le cœur de Dieu », au cœur de l'AMOUR.

---

[22] Traité *Sanhédrin* du Talmud babylonien, 98a.

« L'Apocalypse d'Esaïe »,
ou l'espérance malgré la détresse

Daniela Gelbrich[1]

Le Covid-19 a brusquement bousculé notre quotidien. La vie est devenue presque surréaliste. En quelque sorte, le coronavirus a pris en otage la planète entière qui lutte désespérément contre ce petit agent pathogène déclaré « ennemi invisible ». Si l'un d'entre nous avait émis l'hypothèse, il y a quelques mois, selon laquelle les frontières en Europe allaient se fermer, on l'aurait considéré comme un fou. Cela nous aurait paru impensable. A l'heure actuelle, les frontières européennes sont fermées jusqu'à nouvel ordre. Les consignes destinées à enrayer la pandémie se multiplient. La population de beaucoup de pays vit confinée depuis des semaines. Les journaux télévisés ne parlent que de la crise. L'avenir nous échappe complètement. Nous ne savons pas encore comment se présentera le temps post-corona. Une amie qui m'a appelée dernièrement le résume assez bien : « En quelque sorte, nous avons perdu le contrôle sur les semaines à venir, le contrôle sur notre planning et notre agenda et cela crée un sentiment d'insécurité ». Et n'oublions pas tous ceux qui luttent contre la mort, cloués sur un lit dans un service de réanimation.

Tout au début de la crise sanitaire actuelle, je lisais quelques passages du livre d'Esaïe. Quelques jours plus tard, quand le virus commença à sévir en Europe, surtout en Italie où le nombre de décès augmentait jour après jour, je survolais un petit article de la CIA publié en 2010[2] et un dossier du gouvernement allemand datant de 2013[3] qui décrivent tous les deux un scénario possible qui rappelle d'emblée et sans équivoque celui dans lequel nous nous trouvons en ce moment. Tout en restant prudente face à des prédictions hypothétiques et sans

---

[1] Daniela Gelbrich, docteur en philologie, est professeur d'Ancien Testament à la Faculté adventiste de théologie de Collonges-sous-Salève (France).
[2] Alexandre Adler, *Le nouveau rapport de la CIA. Comment sera le monde de demain ?*, Central Intelligence Agency, Poche, 2010, p. 250-251. Ce rapport émet des hypothèses relatives à la vie en 2025.
[3] Cf. *Deutscher Bundestag 17. Wahlperiode, Drucksache 17/12051* du 03/01/2013, à partir de la page 55.

me perdre dans la jungle des théories conspirationistes, la similitude entre ce que notre planète entière vit maintenant et le scénario écrit par ces deux sources m'a étonnée. Un virus peut arrêter toute une planète. Les quelques passages du livre d'Esaïe que je lisais se trouvent aux chapitres 24 à 27. Esaïe 24 parle également du fait que tout s'arrête : la vigne flétrit, le son joyeux des tambourins et des cithares cesse et les rires se taisent. On ne chante plus. Toutes les maisons sont fermées (cf. Es 24.7-12). Non, je ne veux pas dire que ce texte parle du coronavirus qui fait arrêter notre vie habituelle. Pas du tout. Mais j'aimerais simplement partager quelques pistes de réflexion quant à ces chapitres apocalyptiques fort intéressants.

Les chapitres indiqués du livre d'Esaïe sont généralement considérés comme « l'Apocalypse d'Esaïe[4] ». Puisque le mot « apocalypse » veut dire « révélation », cette réflexion a pour but de brosser un petit tableau du Dieu qui se révèle dans ces quelques chapitres dits apocalyptiques du livre d'Esaïe. Il s'agit seulement de quelques facettes sélectionnées que l'on trouve dans les chapitres 24 au 27 du livre prophétique.

Le chapitre 24 ouvre sur une note plutôt sombre. Le texte met en scène YHWH qui « dévaste la terre et la rend déserte » (Es 24.1). Tout d'abord, cela nous choque. On se croit à la fin du temps, au tribunal du dernier jugement universel. En fait, le texte énumère des paires de personnes pour dire que tous les êtres humains sont concernés : « prêtres comme laïcs », « maîtres comme esclaves », « maîtresses comme servantes », « vendeurs comme acheteurs », etc. (Es 24.2). Quand on avance un peu plus dans le chapitre 24, on rencontre d'autres acteurs mis en scène par le texte : les habitants de la terre sont introduits au verset 4. La terre, à première vue dévastée et rendue déserte par YHWH, est en réalité profanée[5] par ses habitants[6]. Le fonctionnement des habitants de la terre est décrit par la suite : « Ils ont transgressé les lois, violé les règles, rompu l'alliance éternelle » (Es 24.5). Ainsi, la malédiction dévore le pays (Es 24.6) et la vie habituelle s'arrête (Es 24.7-11). En d'autres termes, en rompant l'alliance éternelle, les habitants de la terre détruisent la terre. Ils détruisent leur habitat[7]. L'alliance éternelle fait allusion à la relation intime entre YHWH et l'être humain créé pour vivre avec son créateur. Selon le texte d'Esaïe 24, cette relation

---

[4] Le livre de Daniel est le seul livre de la Bible hébraïque qui soit appelé « apocalyptique ». Le passage d'Esaïe 24 à 27 constitue donc un petit passage qui se veut également apocalyptique dans le canon de l'Ancien Testament. Dans l'univers textuel de la Bible, le genre apocalyptique met en scène des visions ou des perspectives relatives à la fin des temps.
[5] La racine hébraïque implique l'idée de pollution, de profanation et comprend le fait de devenir impie. Cf. par exemple, Jr 3.1 ; Ps 106.38 ; Mi 4.11.
[6] Cf. Ps 115.24.
[7] Cf. Os 4.1-3 où la création souffre parce qu'Israël rompt l'alliance et bafoue les valeurs qui préservent justement la vie. La création est en deuil.

vitale est brisée et son auteur, YHWH lui-même, mésestimé. Autrement dit, les premières et secondes causes se mélangent ici. Les habitants de la terre s'inscrivent dans la dynamique de destruction. Ils profanent la terre. « Le monde dépérit et languit » (Es 24.4). Et YHWH en permet les conséquences. Il rend la terre déserte.

Une petite parenthèse s'impose ici : il ne faut pas oublier que « l'Apocalypse d'Esaïe » fait partie intégrante de l'univers textuel du livre d'Esaïe[8]. Or, ce livre prophétique est considéré comme l'Evangile par excellence de la Bible hébraïque. Il parle du fils qui nous a été donné (Es 9.3). Il dépeint le serviteur humble de YHWH qui vient pour élever « le roseau froissé » et allumer « la mèche qui fume encore » (Es 42.3). Le serviteur de YHWH est sensible à la souffrance individuelle cachée aux yeux des autres qui ont tendance à bafouer le roseau froissé et à laisser s'éteindre la mèche qui fume encore. En plus, le serviteur de YHWH est la lumière des peuples afin d'ouvrir « les yeux des aveugles » et relâcher de la prison ceux qui vivent dans les ténèbres (Es 42.7). Esaïe 24 avait évoqué la terre déserte, dévastée et dans la désolation parce que ses habitants brisent l'alliance éternelle (cf. Es 24.1-6). Le serviteur de YHWH est le pauvre surgeon « enraciné dans une terre aride » (cf. Es 53.2). Il connaît la réalité d'un monde brisé. Il est familier avec un contexte marqué par les conséquences entraînées par la rupture de l'alliance éternelle. Il est dédaigné, un homme de douleurs et familier de la souffrance (Es 53.3). Il prend nos maladies sur lui. Il se charge de nos souffrances (Es 53.4). Il est écrasé par nos iniquités et c'est « grâce à ses meurtrissures que nous avons la guérison » (Es 53.5). Il donne sa vie (Es 53.8) et, en plus, il intercède pour ceux qui le tuent (Es 53.12). Plus loin, le livre parle de YHWH comme celui qui invite l'humanité entière à venir vers lui, « à la source des eaux » (Es 55.1) pour l'écouter et pour vivre (Es 55.3). Il souhaite conclure une alliance éternelle avec tout être humain (Es 55.3) et promet que sa parole recréatrice est efficace (Es 55.11). En résumé, les textes environnants du chapitre 24 du livre d'Esaïe dessinent un Dieu qui fait tout pour sauver l'être humain de la malédiction ou des conséquences tristes encourues lors de la rupture entre Dieu et l'humanité (cf. Ge 3). Le Dieu qui dévaste la terre et la rend déserte (Es 24) est le Dieu qui vient et qui donne sa vie pour sauver ses habitants de la désolation.

De retour au chapitre 24. Ce chapitre se termine sur le fait que YHWH, le Seigneur des armées, règne sur le mont Sion et à Jérusalem (Es 24.23). Et, dans

---

[8] Dans le cadre de cet article, nous considérons la forme finale (die Endgestalt) du texte du livre d'Esaïe et la prenons comme un univers textuel à découvrir qui nous invite à suivre les traces du « Saint d'Israël » (YHWH), expression récurrente et structurante qui traverse les trois soi-disant parties du livre prophétique (Proto-Isaïe, Deutéro-Isaïe, Trito-Isaïe).

l'optique du livre entier, « il ne se fera ni mal ni dégâts » sur toute sa montagne sainte puisque « le pays sera rempli de la connaissance du Seigneur » (Es 11.9)[9].

Le chapitre 25 change complètement de scène. L'accent est mis sur un individu qui chante. C'est une rupture étrange de logique. Le lecteur vient de lire 22 versets décrivant une terre dévastée et rendue déserte car l'alliance éternelle est rompue. Mais tout d'un coup, l'ambiance change. YHWH règne sur le mont Sion (Es 24.23) et le lecteur est invité à une audition au verset suivant (Esaïe 25.1) : quelqu'un chante un cantique de victoire. Il s'agit probablement de quelqu'un qui a survécu à la crise dépeinte au chapitre 24. Et cette personne déclare que YHWH est son Dieu (Es 25.1). En fait, maintenant, au lieu de juger la terre, YHWH est « un refuge pour le faible, un refuge pour le pauvre dans sa détresse, un abri contre l'orage, un ombrage contre la chaleur » (Es 25.4). Il est glorifié et révéré par des êtres humains (Es 25.3). Le texte continue et remet en scène YHWH, le Seigneur des armées (cf. Es 24.23), qui prépare un grand festin sur la montagne où il règne (Es 25.6). Le vin enlevé à cause de la malédiction dévorant la terre (Es 24.7) est de retour. C'est un festin divin « de vins vieux », « de vins vieux clarifiés » (Es 25.6), le fruit de la vigne renvoyant à l'abondance, à la joie de vivre, à YHWH qui est le vigneron par excellence (cf. Es 27.3). Le grand festin comprend également des mets gras et succulents (Es 25.6). Il y a un contraste prononcé entre le monde dépérissant et languissant décrit au chapitre 24 et le festin magnifique sur la montagne de YHWH mentionné au chapitre 25. En outre, sur cette montagne, YHWH « essuiera les larmes de tous les visages » (Es 25.8)[10]. C'est un sublime détail que le texte partage avec le lecteur : un Dieu qui prend le temps d'essuyer personnellement les larmes qui coulent des visages des êtres humains. Les larmes essuyées renvoient au fait que la vie, dans un monde déchiré par les traces du mal, est douloureuse. Cette image implique que ceux qui sont invités au festin divin traversent des moments difficiles avant de participer aux festivités de YHWH. Mais ils savent que YHWH est leur Dieu de qui ils attendent leur délivrance (cf. Es 25.9). Il est leur secours dans un monde ambivalent et ébranlé où l'irrationalité du péché fait ses ravages.

Le chapitre 26 reprend l'idée du chant victorieux. C'est le cantique des rachetés. Une chorale qui élève sa voix. C'est le cri de joie de ceux qui retrouvent la liberté, la paix, le bonheur après une période exceptionnellement difficile et

---

[9] Il est intéressant de noter qu'Esaïe 11.1-5 parle du Serviteur de YHWH. Ce dernier « ne jugera pas sur les apparences et ne décidera pas sur ce qu'il entendra dire » (v. 3). Il est un juge équitable qui « jugera les faibles avec justice et fera droit aux pauvres du pays » (v. 4). Son jugement se dirige contre la violence et la méchanceté (v. 5). Le but de son jugement consiste en la réalité décrite aux versets 6 à 9. Le loup est l'hôte de l'agneau. La panthère se couche près du chevreau. Le veau et le lionceau mangent ensemble, etc. (v. 6). En un mot, l'ordre de la création est enfin rétabli.
[10] Ceux qui sont familiers avec la vue globale de la pensée biblique savent que l'idée du festin et le fait que Dieu essuie les larmes des visages des humains sont repris dans le livre d'Apocalypse.

existentiellement extrêmement prenante. Le texte parle d'une ville forte où habitent ceux qui avaient choisi la loyauté et la fidélité envers Dieu malgré tout. Dieu est digne de leur confiance et ils le connaissent puisqu'ils disent que son « caractère est ferme » et que leur Dieu conserve la paix (Es 26.3). En fait, YHWH « est le Rocher pour toujours » (Es 26.4), digne de leur confiance, leur référence ultime, celui qui les accompagne, en qui ils espèrent. C'est vers son nom et vers son souvenir que se porte le désir de leurs âmes (Es 26.8). Ils désirent YHWH pendant la nuit et le recherchent dès le matin (Es 26.9). En d'autres termes, le texte fait tout pour raconter la relation intime, personnelle et exclusive que YHWH entretient avec eux. Il est vrai : ils ont fait l'expérience d'autres maîtres qui ont dominé sur eux mais ils ne veulent en connaître que YHWH (Es 26.13). Ils connaissent la détresse et l'angoisse dans leurs vies respectives mais ils savent qu'ils peuvent compter sur YHWH et crier vers lui (Es 26.16). Leur Dieu n'est pas insécurisé par leurs questions honnêtes face aux crises existentielles et à celles qui déchirent la planète entière. Et ce sont les crises qui renforcent les liens d'amitié entre YHWH et ceux qui le choisissent en tant que maître de leurs vies.

Le chapitre 27, dernier chapitre de « L'Apocalypse d'Esaïe » introduit un autre cantique, celui de la vigne dont YHWH est le vigneron (Es 27.3). C'est YHWH qui l'arrose personnellement. Elle est sous sa protection. YHWH la surveille jour et nuit et la protège jalousement contre les ronces et les épines[11] (Es 27.3-4). La réalité dépeinte par le chapitre 24, le début de « L'Apocalypse d'Esaïe », est totalement bouleversée. Plus de question d'une terre « totalement dévastée et entièrement pillée » (Es 27.3). C'est tout le contraire : « Un jour, Jacob prendra racine » ; des fleurs et des bourgeons « couvriront le monde de fruits » (Es 27.6). En fait, YHWH fait venir ses exilés et « ils adoreront le Seigneur sur la montagne sainte, à Jérusalem » (Es 27.13), le motif de la montagne sainte étant un élément structurant des chapitres considérés (cf. Es 24.23 ; 25.6-10 ; 27.13). C'est l'endroit où YHWH, le Dieu de l'alliance et de la relation avec l'humanité, règne. Et lorsqu'il règnera de nouveau sur une terre renouvelée, le mal ne sera plus. C'est précisément sur cette montagne que se tiendra le festin luxurieux où Dieu « fera disparaître la mort pour toujours » (Es 25.8).

Même si la mort et la maladie nous guettent particulièrement à l'heure actuelle, et nous savons qu'elles nous hantent depuis des temps immémoriaux, nous avons le privilège de savoir au fond de nous qu'aucune infection n'aura le dernier mot. Le virus peut nous contaminer mais notre identité, notre vie et notre

---

[11] Les ronces et les épines rappellent Genèse 3.18 où le premier couple est confronté à une nouvelle réalité après avoir cueilli et mangé le fruit de l'arbre de la connaissance du bien et du mal. Les termes en hébreu ne sont pas les mêmes mais le concept est là.

histoire sont gravées sur les mains d'un Dieu qui ne nous oublie pas. Il a été prêt à vivre parmi nous et à faire face à la mort. La peur d'être blessé par nous ne l'a pas empêché d'avancer, d'aimer jusqu'au bout, d'être courageux en dépit des circonstances périlleuses. Son identité, sa vie et son histoire étaient profondément enracinées en Dieu. Rien ne pouvait le vaincre.

Cette crise sanitaire que vit la planète entière peut être un moment déclencheur pour réfléchir sur la vie, sur ce monde et surtout sur notre relation avec Dieu. Le texte de « l'Apocalypse d'Esaïe » est une nouvelle invitation tendue à l'humanité entière à se réfugier auprès d'un Dieu dont la loyauté est indéfectible. C'est de lui dont nous attendons la délivrance finale.

Au milieu de l'orage.
Matthieu 14 et Covid 19

Roberto Badenas[1]

Comment vivre notre confinement forcé, à la lumière de l'Evangile ? Cette crise causée par le virus Covid-19 a, pour moi, des parallèles intéressants avec un passage bien connu de l'évangile de Matthieu (14.22-33). Les disciples se trouvent confinés dans un petit bateau au milieu d'une tempête. Un peu comme nous, enfermés chez nous par une quarantaine qui nous est imposée par des circonstances contraires à notre volonté. Au milieu de l'orage, les disciples ont perdu le contrôle de leur situation. Eux, les pêcheurs chevronnés, habitués aux caprices du lac, se retrouvent paralysés par la violence de la tempête. Pas moyen de quitter leur barque. Un peu comme eux, impuissants et troublés, nous sommes également obligés d'attendre, sans savoir comment cette situation va se résoudre...

Pourquoi ceci ? Pourquoi nous ?

Le texte dit clairement que Jésus « obligea les disciples à monter dans la barque et à le précéder sur l'autre rive » (Mt 14.22). Les disciples sont donc là contre leur gré : ils ont obéi, ils ont fait tout ce que leur maître leur a dit... et voilà que leur barque, « déjà au milieu de la mer, était battue par les flots ; car le vent était contraire » (v. 24). Ils ont fidèlement accompli la volonté du Christ et... voilà qu'ils sont sur le point de périr ! Ils se sont sans doute demandé, comme nous le faisons dans des circonstances semblables : « Pourquoi, Seigneur ? Pourquoi ceci ? Pourquoi nous ? »

Bien que Jésus ait clairement enseigné que « Dieu fait lever son soleil sur les méchants (d'abord ?), et sur les bons (ensuite ?), et fait pleuvoir sur les justes et

---

[1] Roberto Badenas, docteur en théologie, ancien Directeur du département de l'éducation de la Division inter-européenne des Eglises adventistes du septième jour, est professeur émérite en Nouveau Testament de la Faculté adventiste de théologie de Collonges-sous-Salève (France).

sur les injustes » (Mt 5.45), nous avons tous du mal à accepter l'idée d'un Dieu impartial, qui traite le juste et le méchant sur le même plan d'égalité.

Comment un Dieu juste et puissant, qui est certainement bon et plein de miséricorde, est également capable de laisser une simple tempête, ou un tout petit virus, dévaster notre vie ? Comment peut-il laisser les vagues inonder notre pauvre bateau et permettre que le vent nous écrase contre les récifs ? Si Dieu est aussi puissant et sage que nous voudrions le croire, pourquoi n'empêche-t-il pas la foudre de tomber sur le mât et de le fendre ? Pourquoi n'évite-t-il pas le naufrage qui menace de détruire notre navire ? Pourquoi ne nous protège-t-il pas, nous, de la contagion ?

Si Dieu ne protège pas son peuple des tempêtes, des accidents, des maladies, des épidémies, du coronavirus, et des morts stupides par souci d'impartialité, à quoi nous sert-il d'être son peuple ? Ou, dans son infinie sagesse, Dieu nous laisse-t-il souffrir parce que toutes ces tragédies sont insérées dans un plan divin dont nous ignorons les tenants et les aboutissants ? Graves réflexions, qui remettent en question la toute-sagesse, le tout-amour de Dieu...

Nous avons sans doute beaucoup d'autres questions au sujet des malheurs qui nous frappent. Mais nous pourrions tout aussi bien nous poser des questions différentes. Par exemple, pourquoi un Dieu juste commettrait-il l'injustice de préserver son peuple de toutes sortes de difficultés dans un monde où nous tous, croyants ou non croyants, tour à tour ou en même temps, nous pouvons être responsables et victimes de nos propres choix, de nos propres actions ?

Etant donné que nous vivons dans un monde réel (et injuste pour l'instant), est-il possible que Dieu ne veuille infantiliser personne, en minimisant les conséquences de notre irresponsabilité, ou de notre manque de solidarité avec le reste de l'humanité souffrante ? Les interventions divines en faveur de ses enfants pourraient-elles avoir lieu à un autre niveau ? Nous voudrions tous, par le simple fait d'être croyants, ne subir aucun problème. Cependant, les tempêtes et les maladies affectent aussi les plus engagés des enfants de Dieu. Tout au long de la Bible il nous est dit que Dieu « ne fait point de favoritisme » (Dt 10.17 ; Ac 10.34 ; Rm 2.11 ; Ga 2.6 ; Ep 6.9 ; Col 3.25).

Dieu est-il absent ? Est-il avec nous ?

Comme les disciples au milieu de la tempête, nous nous sentons parfois seuls dans un monde où Dieu semble être éternellement absent. Et nous pensons, sans doute comme eux, que nous sommes abandonnés à notre sort. Nous estimons qu'il nous appartient d'apprendre à naviguer, à guider nos grands bateaux ou nos barques fragiles parmi les récifs de nos crises. C'est à nous d'inventer les moyens de sortir des eaux agitées de notre vie personnelle. C'est à nous de traverser tout seuls nos zones de brouillard...

La mer, avec ses tempêtes et ses eaux calmes, avec le va-et-vient constant des vagues, est une parabole permanente de la réalité de notre existence, de l'instabilité imprévisible de notre santé, de nos aléas financiers, de nos conflits personnels. En même temps, ce bateau vulnérable, ballotté par les vagues, malmené par le vent et la houle, parfois entraîné au bord du naufrage par les courants, est également une image réaliste de notre vie. Nous sommes secoués par des averses inattendues, des dépressions personnelles, des orages familiaux, des difficultés au travail, des contretemps financiers, des ouragans émotionnels, des brouillards spirituels... Comment sortir indemnes de nos problèmes alors qu'il n'est pas facile de redresser la barre de notre fragile embarcation qu'est notre vie ? Surtout si nous ignorons le but du voyage, ou si quelqu'un nous y attend, et qu'en plus nous avons perdu la boussole (le GPS) !

Comme la tempête frappe le bateau des disciples, nos soucis perturbent notre calme. Et comme les disciples, ballottés sans relâche vers le milieu du lac, nous atteignons la quatrième veille de la nuit, épuisés et déçus... Comme eux, nous avons fait tout ce que nous étions capables de faire pour contourner les écueils et affronter l'orage. Mais maintenant, vaincus par l'épuisement, nous nous trouvons comme eux au bord du désespoir. Épuisés par la lutte contre la tempête, nous nous sentons, tout comme eux, seuls, abandonnés, perdus face au danger, priant un Dieu qui ne semble pas nous écouter.

Mais notre texte continue. Il dit que, justement, « à la quatrième veille de la nuit, Jésus alla vers ses disciples, marchant sur la mer » (v. 25). Précisément dans cette terrible quatrième veille de la nuit, quand l'obscurité est la plus sombre, juste avant les premières lueurs du jour, Jésus est déjà en route pour aider ses amis. Car il n'a pas cessé de veiller sur eux comme un père veille sur ses enfants, comme un frère aîné veille sur sa (petite) jeune fratrie. Tout comme il veille sur nous aujourd'hui !

Le désir du Christ de sauver les siens est si fort que quelque chose de prodigieux se produit soudainement : l'amour sans limites de Dieu pour ses enfants règne si pleinement sur son être, qu'il libère le corps de Jésus des lois de la gravité, le soulève et le déplace incroyablement au milieu de l'orage, sur les vagues, au secours de ses disciples.

Au moment même où les disciples croient qu'ils vont succomber aux forces des éléments, la lumière des éclairs leur permet d'apercevoir une figure mystérieuse qui s'avance vers eux. Ignorant que c'est Jésus, ils pensent que l'ombre qui s'approche d'eux est encore un ennemi de plus et, puisqu'inconnue, plus redoutable peut-être que le vent et les vagues... La terreur glace leur sang, paralyse leurs bras, et leurs mains lâchent les rames laissant le bateau à la merci de l'orage.

Il y a peu d'émotions aussi contagieuses que la peur. Dans les grands désastres et dans les catastrophes de toutes sortes, comme dans l'épidémie du coronavirus, la panique peut faire plus de victimes que la pandémie elle-même. Lorsque la peur nous dépasse et devient affolement, nous cessons de réfléchir. La terreur brouille notre vision. L'effroi du surnaturel terrifie les disciples et, à la vue épouvantée de cet être qui avance vers eux sur les vagues, un cri de terreur s'échappe de leur gorge : « C'est un fantôme ! » (v. 26).

Mais Jésus continue d'avancer à leur rencontre et leur dit : « Rassurez-vous, c'est moi ; n'ayez pas peur » (v. 27).

Défier le danger ? Sortir à tout prix ?

Les disciples peuvent à peine croire ce qu'ils voient et entendent : leur cher Seigneur, qu'ils croyaient absent, se trouve là, avec eux, juste dans l'œil de la tempête.

Pierre, transi de joie, lui lance un appel : « Seigneur, si c'est toi, ordonne que j'aille vers toi sur les eaux » (v. 28). Et Jésus, acquiesçant au zèle aventureux du jeune disciple, surprend tout le monde en répondant : « Viens » (v. 29).

Pierre s'aventure sur les flots avec une démarche hésitante en gardant les yeux rivés sur Jésus. Progressivement, oubliant la nature merveilleuse du miracle, gonflé par l'émotion de surfer sans planche, il se laisse distraire un instant par un sentiment de vanité presque inévitable devant ses compagnons qui suivent l'incident ébahis.

Le vent souffle violemment. De hautes vagues se dressent entre le Maître et Pierre qui perd soudainement Jésus de vue. La panique le saisit, il s'affole et sa foi l'abandonne. Alors il commence à sombrer dans les vagues écumeuses ; et s'effondrant vers l'abîme, il hurle désespérément : « Seigneur, sauve-moi » (v. 30).

Il n'y a peut-être pas de prière plus courte que celle-ci dans toute la Bible. Et peut-être il n'y pas de prière plus importante que celle-ci, alors et toujours. Pour lui et pour nous. Au milieu d'un orage et dans une pandémie. Car l'amour divin ne reste jamais insensible à nos prières sincères et à nos besoins désespérés. La réponse du Christ ne se fait pas attendre : « Aussitôt Jésus étendit la main et le saisit » (v. 31).

Pendant que le Christ ramène à la surface le naufragé, il lui fait quand même un important reproche : « Homme de peu de foi. Pourquoi as-tu douté ? » (v. 31). Sans lâcher la main du Seigneur, le disciple revient au bateau, silencieux, honteux et confus. Sa désinvolture lui a presque coûté la vie. Il a compris, au risque de sa propre existence, que lorsque l'on défie les limites du raisonnable, lorsque l'on brave sans nécessité les périls qu'on ne maîtrise pas, c'est parfois au prix de sa vie et de celle des autres qui tentent de nous sauver. Quand on perd de vue Jésus pour jouer les « Superman » on peut se mettre en danger de mort.

Mais l'erreur de Pierre n'était pas d'avoir eu peur. La peur en face du danger est inévitable et peut être salvatrice. Sa faute a été d'oublier qu'avec une foi aussi petite que la sienne (c'est-à-dire avec une foi à peu près comme la nôtre), dans un environnement aussi dangereux qu'une mer agitée ou qu'une pandémie, les adversités nous rendent toujours vulnérables. L'erreur de Pierre a été de faire à sa tête en perdant de vue Jésus, de regarder dans une autre direction à un moment où sa survie dépendait de sa communion avec lui. Son problème était – en plus de vouloir sortir d'un endroit protecteur alors que c'était dangereux – de vouloir marcher sur l'eau quand il était trop loin de la barque – et beaucoup trop loin de la rive ! – et de penser qu'il pouvait le faire par ses propres moyens, sans l'aide divine.

Mais Jésus connaissait Pierre et nous connaît, nous aussi. A lui comme à nous, il voulait apprendre, une fois pour toutes, que l'imprudence stupide ne sera jamais une vertu chrétienne. Et que sans lui nous sommes perdus. Il y a des situations dans la vie, comme celle que nous vivons, où la prudence est la consigne la plus sage. Elle nous invite à penser que nous ne pouvons peut-être pas braver les dangers sans être portés par la puissance divine. Mais aussi que, quelle que soit la gravité de la situation dans laquelle nous nous trouvons, si nous nous laissons guider par Dieu, nous pouvons même marcher sur les vagues.

L'expérience de Pierre nous aide à mieux comprendre nos propres problèmes : livrés à nous-mêmes, nous risquons de couler ; les circonstances peuvent nous engloutir. Sans Dieu, la mer de la vie se termine toujours par la mort. Pour la traverser sains et saufs, nous devons nous accrocher au bras ferme du Christ, qui nous sauve, nous soulève, nous ramène dans le bateau (d'où nous n'aurions peut-être jamais dû sortir en pleine mer) et nous remet à notre place.

Heureusement, son amour est plus puissant que les caprices de notre vanité et les hautes marées de notre orgueil, que les vents de la haine ou l'ouragan des passions, que les tourbillons de l'égoïsme et le faux calme de l'indifférence. « Qui nous séparera de l'amour de Christ ? Sera-ce la tribulation, ou l'angoisse, ou la persécution, ou la faim, ou la nudité, ou le péril, ou l'épée ? [...] J'ai l'assurance que ni la mort ni la vie, ni les anges ni les dominations, ni les choses présentes ni les choses à venir [...] ni aucune autre créature (même pas le coronavirus !) pourra nous séparer de l'amour de Dieu manifesté en Jésus-Christ notre Seigneur » (Rm 8.35,38-39).

De la même manière que Jésus a ramené Pierre avec lui dans le bateau, il est prêt à nous tendre la main dans nos problèmes. Comme il a défié l'orage pour aider ses disciples, il a fait tomber le vent et obligé les vagues à revenir au calme, il est capable de défier n'importe quelle épidémie et apporter la paix dans nos cœurs troublés. De la même manière que les nuages se sont dissipés et que le bateau avec les disciples est enfin arrivé à sa destination en paix, le Christ peut nous aider à retrouver la paix au milieu de nos difficultés et nous conduire à notre destination sains et saufs.

Le Covid-19 et la prophétie biblique

Rivan Dos Santos[1]

Le Covid-19 me semble être un événement unique dans l'histoire de l'humanité[2] et nous amène tout naturellement à réfléchir sur le sens de la vie en général et des relations personnelles et spirituelles en particulier. Il est vrai que ce virus ne peut exterminer la planète (il tue moins que la cigarette ou l'alcool), mais n'importe qui peut en mourir, quel que soit son âge ou son état de santé. Les habitants des grandes villes, de la campagne, ceux qui sont sur des navires, des porte-avions et jusqu'aux tribus indiennes d'Amazonie les plus reculées, personne n'est à l'abri.

Avec cette épreuve, presque tout le monde s'est mis à réfléchir et les chrétiens pensent de manière théologique ou philosophique. A mon tour, je voudrais également proposer quelques réflexions sur cet événement, car c'est aussi mon devoir, en tant que veilleur. Il faut se garder, certes, de la tentation de voir tout événement comme un « signe des temps », mais il faut également faire attention à ne pas tout banaliser en disant que ce genre de chose n'a rien à voir avec la fin des temps ; équilibre difficile à trouver. J'aimerais donc présenter quelques éléments qui me semblent pertinents par rapport à ce que nous vivons en relation avec certains textes bibliques à caractère prophétique. Le but est celui de nous demander si nous ne sommes pas en train de vivre, d'une façon générale, une période bien avancée dans les « signes des temps » qui annoncent un retour du Christ imminent.

---

[1] Rivan Dos Santos, docteur en histoire, est professeur d'histoire et d'archéologie biblique et vice-doyen de la Faculté adventiste de théologie de Collonges-sous-Salève (France).

[2] Il est vrai que d'autres épidémies ont été très meurtrières. La Peste noire ou Grande peste a tué entre 75 et 200 millions de personnes sur trois continents (Asie, Europe et Afrique du Nord) au XIVe siècle. La Grippe espagnole, dans les années 1918-1919, a tué entre 50 et 100 millions de personnes sur tous les continents. Mais j'estime que, même si infiniment moins meurtrier pour l'instant, le Covid-19 a certaines spécificités : arrêt au même moment, par décret, d'une grande partie de l'économie mondiale, confinement d'environ 4 milliards d'habitants et contrôles rigides des mouvements individuels. Des éléments inconnus auparavant.

Mon but est seulement de réfléchir à l'écho que trouvent certaines paroles prophétiques dans une épreuve de ce genre. Nous devons nous attendre à être surpris par le fait que des événements puissent se passer différemment de ce que nous pouvons imaginer. Certains faits, qui nous semblent anodins, peuvent nous inviter à réfléchir sur le moment que nous vivons avant le retour du Christ.

Cela s'est passé lors de sa première venue. Une simple étoile qui est apparue dans le ciel, une trentaine d'années avant le début du ministère du Christ, est passée inaperçue par la grande majorité du peuple qui attendait cet événement. Il est difficile, au moins pour le moment, de donner une quelconque interprétation prophétique au Covid-19. Par contre, si nous le plaçons dans un ensemble d'événements qui se passent autour de nous depuis quelques dizaines d'années à peine, nous devons rester attentifs.

Eléments de réflexion

L'universalité

Le premier élément de réflexion que je propose est en relation avec l'universalité de l'événement. Ce qui se passe actuellement sur toute la planète peut nous faire penser aux paroles prophétiques : « L'heure de l'épreuve, qui va venir sur **l'humanité entière...** » (Ap 3.10). Il est à remarquer que cet avertissement, de la part de Jésus glorifié, a été présenté à l'Eglise de Philadelphie, époque de l'avant-dernière Eglise de l'histoire. Or, Jésus ne dit pas que l'épreuve va venir sur l'Eglise seule comme cela avait été le cas avant dans le message aux différentes Eglises[3].

Avant même ces paroles, Jésus, encore sur la terre, avait dit de même en parlant des signes avant-coureurs de son retour :

> « Prenez garde à vous-mêmes... car il (le jour de son avènement) viendra comme un filet **sur tous** ceux qui habitent sur la face de toute la terre. Veillez donc et priez en tout temps, afin que vous ayez la force d'échapper à toutes ces choses qui arriveront... » (Lc 21.34-36).

Nous remarquons donc que nous sommes clairement avertis que des événements vont déferler de façon soudaine sur toute la surface de la terre. Le Covid-19 nous a montré comment un événement inattendu peut avoir des conséquences sur toute la planète, au XXIe siècle. Prenons cela comme exemple et non en tant qu'un accomplissement prophétique.

---

[3] Ephèse (Ap 2.2-5), Smyrne (Ap 2.10), Pergame (Ap 2.13-16), Thyatire (Ap 2.21-23) ou Sardes (Ap 3.1-3).

La soudaineté

Le second élément est en rapport avec la rapidité de la situation ou sa soudaineté. Certains termes prophétiques nous avertissement clairement que les événements finaux seront soudains, y compris pour ceux qui seront en attente de l'avènement du Christ. Après avoir présenté divers signes annonciateurs de son retour, Jésus a raconté plusieurs paraboles afin d'illustrer la soudaineté de cet événement. La parabole la plus connue est sans doute celle des dix jeunes filles qui attendaient le fiancé pour la fête des noces. Jésus a insisté sur le fait que toutes s'étaient préparées et attendaient cet événement. Pourtant, le fiancé a tellement tardé que lorsqu'il est arrivé, à minuit, elles étaient toutes, sans exception, en train de dormir. Cinq avaient pris de l'huile en réserve et ont pu illuminer le chemin pour le fiancé, arrivé au milieu de la nuit et de façon soudaine ; on a juste entendu le cri : « Voici l'époux, allez à sa rencontre ! » (Mt 25.6-7). Ensuite, Jésus a insisté sur le fait que nous devons rester attentifs aux événements (Mt 25.10-13). On peut dire qu'il n'y a pas de relation entre la rapidité de l'expansion du Covid-19 et ces textes qui mentionnent la soudaineté de l'avènement du Christ. Certes, mais en parlant de son avènement, Jésus n'a pas forcément parlé seulement de son apparition dans le ciel. Avant que les jeunes filles de la parabole ne voient le fiancé, elles ont entendu l'annonce de son arrivée. Ce que la planète vit actuellement peut juste nous aider à comprendre certaines facettes du sens des prophéties, pas le fond, évidemment. Ce que l'on vit actuellement montre que tout peut changer du jour au lendemain et qu'un événement peut en déclencher d'autres en chaîne.

Jésus a également utilisé l'époque du déluge pour nous avertir de la rapidité des derniers événements. « Ce qui arriva du temps de Noé arrivera de même à l'avènement du Fils de l'homme. Car, dans **les jours qui précédèrent le déluge... ils ne se doutèrent de rien** » (Mt 24.37-39). Actuellement, nous pouvons commencer à comprendre cela mieux que jamais car, quelques jours avant le confinement, tout allait normalement dans la vie quotidienne. Du jour au lendemain, les changements ont été radicaux. Lorsque la porte de l'arche a été fermée, l'opportunité de salut était finie et pourtant durant sept jours tout a continué normalement. Aucun signe. On peut comprendre quel a été le dernier signe de la part de Dieu aux gens de l'époque, avant le temps de grâce : l'entrée dans l'arche de tous les animaux venus de toutes les parties du monde ? Noé n'aurait pas pu aller tous les chercher, surtout les oiseaux ! On peut imaginer que le fait de voir les animaux venir spontanément vers l'arche a été un signe pour les gens que quelque chose d'extraordinaire allait se passer ou se passait déjà. De même, avec ces événements ici et là, nous devons nous préparer, sous la direction de Dieu et non selon notre pensée. J'insiste à nouveau sur le difficile équilibre à trouver entre le fait de dire que ce que nous vivons n'a rien à voir avec les signes des temps et voir en tout cela trop de signes.

Jésus a utilisé encore d'autres paroles pour nous avertir de la rapidité des derniers événements. « Prenez garde à vous-mêmes [...] et que ce jour ne vienne sur vous à l'improviste ; car il viendra **comme un filet** sur tous » (Lc 21.34-35).

Il serait encore judicieux de présenter certains avertissements du livre de l'Apocalypse. Ici, par rapport à la soudaineté des événements, on peut considérer trois textes dans le seul chapitre 18. Ces textes mentionnent que la chute de Babylone, qui va déclencher une suite d'événements catastrophiques, sera très rapide et inattendue. Le terme « une heure » est utilisé à trois reprises. « En une seule heure tant de richesses ont été détruites ! » (Ap 18.10,17,19). Il est certain que l'Esprit a voulu montrer la rapidité de l'événement. Sans vouloir faire de rapprochement prophétique, le Covid-19 nous a montré qu'un événement peut faire s'effondrer l'économie mondiale en peu de jours.

La mondialisation

Un troisième élément se réfère à la cause de la dispersion rapide du virus sur la planète : la mondialisation commerciale qui facilite les déplacements. Selon les textes bibliques, il semble que le projet de Dieu n'allait pas dans ce sens, mais plutôt qu'il y ait une répartition équilibrée sur la terre. Ce système de mondialisation économique n'est pas un mal en soi mais il demande beaucoup de la planète. Le premier texte qui mentionne cela est celui de la Genèse (11.1), juste après la destruction d'un monde et au début d'un autre. « Toute la terre avait une seule langue et les mêmes mots ». Bien évidemment, ce n'est pas littéralement notre cas, mais l'anglais et l'informatique jouent ce rôle. Le but premier de cette première mondialisation décrite dans la Genèse était la formation d'une société basée sur des villes imposantes où même le terme « tour » – même s'il s'agissait d'un grand temple – est présent. Des techniques avancées de construction sont mises en place ainsi qu'une coopération générale (Gn 11.3-4). Cela peut nous faire penser à la gloire de certaines villes modernes qui rivalisent pour avoir les plus grandes tours, même dans des régions désertiques. Or, tout cela ne suivait pas la volonté de Dieu :

> « Allons ! descendons, et là confondons leur langage..., afin qu'ils n'entendent plus la langue, les uns des autres. Et l'Éternel les dispersa loin de là sur la face de toute la terre... ; et ils cessèrent de bâtir la ville (Gn 11.6-8).

En ce qui concerne notre monde moderne, depuis quelques dizaines d'années les hommes se sont mis à nouveau à se réunir, de façon inconnue auparavant, venant de toutes les extrémités de la terre pour des questions commerciales, dont la grande majorité ne semble pas utile. Est-il important d'avoir en Europe des kiwis de Nouvelle-Zélande, des patates douces des Etats-Unis ? Est-il nécessaire d'acheter un nouveau téléphone tous les six mois ou de changer si souvent d'ordinateur, de téléviseur ou de voiture parce qu'ils sont bon marché ? Ces produits viennent de l'Extrême-Orient. Dans l'Apocalypse on demande à Dieu « de détruire ceux qui détruisent la terre » (Ap 11.18). Nous pourrions tous évoquer l'inutilité de nombre d'échanges commerciaux mondiaux auxquels nous sommes tous (ou presque) attachés et pourtant desquels nous sommes bien contents. Je désire juste encourager chacun à réfléchir sur le chapitre 18 de l'Apocalypse où la chute de Babylone est présentée avec une possible relation à la mondialisation et à la dégradation de la planète. Mais faisons-le dans un esprit d'humilité, de prière et à titre individuel, sans vouloir présenter aux autres des interprétations et des changements de vie selon notre compréhension.

Regardons quelques passages de ce chapitre 18 de l'Apocalypse concernant la grande majorité des produits du commerce mondial organisé autour de Babylone qui gravitent autour du luxe et non des choses essentielles à la vie :

> « Elle est tombée, elle est tombée, Babylone la grande ! [...] parce que **toutes les nations** [...] les **rois de la terre** [...] et les **marchands de la terre** se sont enrichis par la puissance de **son luxe** » (Ap 18.2-3).

Le peuple de Dieu, qui est au milieu de ce système, est ou sera appelé à en sortir, mais à quel moment et comment le faire ? Voilà toute la question. « Sortez du milieu d'elle, **mon peuple**, afin que vous **ne participiez point à ses péchés** » (Ap 18.4). Le texte détaille ce commerce mondial et les produits. Pourquoi Dieu l'aurait-il fait si cela n'était pas important pour notre réflexion et notre compréhension ?

> « Elle s'est glorifiée et plongée dans **le luxe**. [...] Et **tous les rois de la terre**, qui se sont livrés avec elle à l'impudicité et au luxe, pleureront et **se lamenteront à cause d'elle** » (Ap 18.7-10).

> « Et les **marchands de la terre pleurent** [...] parce que personne **n'achète plus leur cargaison**, cargaison d'or, d'argent, de pierres précieuses, de perles, de fin lin, de pourpre, de soie, d'écarlate, de toute espèce de bois de senteur, de toute espèce d'objets d'ivoire, de toute espèce d'objets en bois très précieux. [...] Les **marchands de ces choses**, qui se sont enrichis par elle [...] Et tous les **pilotes de navires**, tous ceux qui naviguent vers ce lieu, les marins, et **tous ceux qui exploitent la mer** [...] La grande ville, **où se sont enrichis par son opulence tous ceux qui ont des navires sur la mer, en une seule heure elle a été détruite !** » (Ap 18.11-19).

Quand nous savons que la grande majorité du commerce mondial de notre époque est réalisée par des navires gigantesques qui traversent les océans avec toute la pollution que cela entraîne, nous ne pouvons que réfléchir à propos de ce qui se passe autour de nous.

Il est à remarquer que la chute de Babylone constitue l'un des derniers actes de l'histoire, juste avant le retour du Christ. Le chapitre qui suit mentionne le retour du Christ (Ap 19.11). Mais entre la chute de Babylone et le retour du Christ il y a la montée en puissance de la bête et de l'adoration de son image. La pression est mise sur ceux qui la refusent et qui ne pourront plus ni acheter ni vendre, comme nous le verrons plus bas.

Les finances et le contrôle

Un quatrième élément est lié à la vie financière de tous les habitants de la terre et au contrôle des individus. Le Covid-19 nous a aussi montré, d'une façon claire, comment nous pouvons tous, du jour au lendemain, être pris dans un système mondial de contrôle individuel. Certains pensent tout de suite aux textes de l'Apocalypse où, juste après l'annonce de la chute de Babylone et l'effondrement d'un système économique mondial, on mettra en place un contrôle rigide des actions individuelles les plus basiques.

> « Et un autre, un **second** ange suivit, en disant : Elle est tombée, elle est tombée, Babylone la grande [...] Et un autre, un **troisième** ange les suivit, en disant d'une voix forte : Si quelqu'un adore la bête et son image, et reçoit une marque sur son front ou sur sa main [...] quiconque reçoit la marque de son nom » (Ap 14.8-9-11).

> « Personne ne put **acheter ni vendre, sans** avoir la marque, le nom de la bête ou le nombre de son nom » (Ap 13.17).

L'avènement de ce virus nous a donc montré comment on serait capable de contrôler la vie de chaque personne de telle façon à ce qu'elle ne puisse même plus sortir de chez elle pour acheter ou pour vendre, même de la nourriture, ou se soigner à l'hôpital sans avoir un document officiel. Dans le cas d'un confinement total, comme cela a été mis en place dans certaines régions de Chine, par exemple, les personnes n'étaient même plus autorisées à sortir, même pas pour acheter de la nourriture. On venait déposer celle-ci derrière leur porte. Bien évidemment, nous n'avons pas les éléments nécessaires pour faire un quelconque rapprochement entre ce virus et les textes de l'Apocalypse. Ce serait s'exposer au ridicule, mais cela ne nous empêche pas de réfléchir à tout ce qui a été annoncé par les prophètes. Il est évident que les interprétations prophétiques requièrent une grande rigueur académique et beaucoup de précaution. Je ne les aborderai pas ici.

Comme nous l'avons vu plus haut (Ap 18), après la chute de Babylone et la crise qui la suivra, le Christ revient : « Je regardai, et voici, il y avait une nuée blanche, et sur la nuée était assis quelqu'un qui ressemblait à un fils d'homme » (Ap 14.14). Or, selon la compréhension adventiste, nous sommes à la veille de la chute de Babylone, le second message d'Apocalypse 14 – le message du premier ange ayant vu son accomplissement le 22 octobre 1844. Ce que sera exactement cette chute, la bête et ses agissements, on ne le comprendra parfaitement qu'au moment de son accomplissement, selon la règle laissée par Jésus (Jn 13.19 ; 14.29). Mais cet événement du Covid-19 nous invite encore à réfléchir et non pas à proposer des interprétations, car tous les événements ne se sont pas encore déroulés devant nous.

Réflexion générale sur d'autres éléments concomitants

J'aimerais attirer l'attention sur le fait que cet événement, à mon avis, n'en est qu'un parmi d'autres. Les Ecritures mentionnent certains signes qui annoncent le retour imminent du Christ et qui, à mon avis, sont déjà en train de se dérouler, pas forcément de s'accomplir. L'apôtre Paul dresse une liste de la situation du monde chrétien en particulier à l'époque de la fin. Il commence par mentionner l'égoïsme et l'amour de l'argent. Ensuite il parle d'orgueil, d'enfants désobéissants aux parents, d'insensibilité, de la dureté, de l'amour des plaisirs avant l'amour de Dieu. Comme pour prouver qu'il parle du monde chrétien il évoque l'« apparence de piété » (2Tm 3.1-5). Imaginons-nous le monde en général.

Nous pouvons mentionner l'égoïsme galopant qui se manifeste par la course aux biens matériels par exemple. L'apôtre mentionne aussi, dans sa liste, l'orgueil et la cruauté des êtres humains. Regardons les forums où les gens donnent leurs opinions par rapport à n'importe quel sujet. La violence et l'orgueil ! L'autre jour je regardais une séquence pour savoir comment faire du pain ; même à ce propos, les disputes et les insultes fusaient. Tout le monde a raison et on s'attaque les uns les autres avec une violence inouïe, quel que soit le niveau de formation de la personne. Des présidents de grands pays, des chefs d'Etats aux gens les plus simples, la violence verbale est répandue sans vergogne. Lorsqu'il s'agit de sujets religieux, même entre chrétiens de la même communauté, c'est parfois pire encore. Et les divisions internes existent dans l'Eglise à cause de choses secondaires comme la musique dans l'Eglise, les vêtements, les bijoux, le végétarisme, la consécration des femmes, l'existence ou non du Saint Esprit, comment agir avec des couples qui habitent ensemble sans être mariés, des gens qui participent à l'organisation de services sans être encore baptisés, etc. Alors que nous vivons au XXIe siècle et que le monde devrait être moins violent que dans les périodes anciennes, si cela ne constitue pas un signe des temps, que faut-il penser ?

Jésus, en parlant de la fin, a lui aussi donné comme signe le manque d'amour : « Et, parce que l'iniquité se sera accrue, la charité du plus grand nombre se refroidira. Mais celui qui persévérera jusqu'à la fin sera sauvé » (Mt 24.12-13).

Nous avons constaté récemment des violences incroyables en France à cause de certaines revendications. Combien ont perdu un œil, une main, ou ont eu d'autres blessures. Il en est de même du côté des forces de l'ordre. Quelle sera la situation lorsque la nourriture sera épuisée et l'Etat mis à terre ? Que cela ait pu avoir lieu dans les temps passés, moyenâgeux, cela peut être compréhensible, mais à notre époque ?

Que dire de l'état de la planète ? Elle se dégrade devant nos yeux. Le livre de l'Apocalypse, en plus des paroles prophétiques de Jésus et des prophètes, nous signale cela comme signe de la fin des temps. Les scientifiques avertissent à chaque instant de la situation catastrophique de la planète. Dieu avait instauré le sabbat pour le repos des hommes, des animaux et de la planète avant même l'irruption du péché. On voit à présent les résultats de la course effrénée vers la production et le profit, comme Israël avait fait dans son territoire dans les temps passés[4].

Sommes-nous le peuple qui prétend posséder « l'Esprit de la prophétie », conscient du temps dans lequel nous vivons ? Comment présenter le message du prochain retour du Christ en relation aux signes qui sont devant nous, sans faire peur mais en tant que Bonne Nouvelle, Evangile éternel (Ap 14.6) ? Voilà la question à laquelle Dieu nous invite à réfléchir et à trouver, auprès de lui, la réponse. Quel message avons-nous à faire passer au monde qui puisse avertir à la fois de la situation que nous vivons déjà – et qui va empirer – et annoncer une Bonne Nouvelle ? Pour l'instant, nous ne savons pas comment le faire. Si nous le savions, nous serions connus pour cela. Accuser les autres communautés chrétiennes d'apostasie n'est pas une Bonne Nouvelle à tous les habitants de la terre. On peut penser que le Covid-19 a été une sorte d'exemple de ce qui peut nous arriver, soudainement et différemment de ce que nous attendons. Dieu n'a rien à voir avec ce virus, car ce n'est pas lui qui a mangé une soupe de chauves-souris ou un pangolin et a craché sur les êtres humains. Dieu, au contraire, nous invite, par son Fils Jésus, à nous unir, en son amour, pour faire face à tout cela. Autrement, nous ne pourrions pas résister quand Dieu donnera l'ordre aux anges de lâcher les vents qui retiennent notre existence (Ap 7.1-3).

Avant d'affronter sa « crise finale », qui allait commencer à Gethsémané (« mon âme est triste jusqu'à la mort », Mt 26.38), Jésus a fait une dernière prière formelle à son Père. Elle a été conservée dans le chapitre 17 de l'évangile de Jean. Jésus commence avec des paroles sublimes et profondes : « **Père, l'heure est venue !** ». Nous sommes invités à réfléchir plus profondément sur le sens de ce moment. Avant même la fondation du monde (1P 1.19-20), Dieu avait ce projet

---

[4] Voir Rivan Dos Santos sur « Sabbat et écologie », dans le MOOC de la Faculté adventiste de théologie, www.campusadventiste.edu.

de salut au cas où… et enfin le moment est venu. Jésus donc, avant d'entrer dans un processus mental d'angoisse terrible, profite d'adresser cette demande au Père. Chose surprenante, il demande surtout que Dieu maintienne ses disciples (futurs apôtres) unis entre eux et tous les croyants à leur suite (Jn 17.20), car ce serait la seule façon d'obtenir la victoire et de permettre au monde de croire en Jésus. Plus Jésus s'approche de la fin de sa prière et plus il insiste sur cela. En tout, il demande à cinq reprises que Dieu œuvre pour que ses disciples soient unis.

La pire des maladies est le cancer, car il s'agit de cellules du corps qui se tournent contre l'organisme pour le détruire. Comme il ne s'agit pas d'un élément externe, comme un virus, le corps au début ne donne aucune alerte. Lorsqu'enfin le corps donne des signes, il est souvent trop tard. Faisons donc attention aux rivalités internes et au manque d'amour. Ne permettons pas que des différences d'opinions nous divisent, alors qu'elles doivent nous enrichir, dans l'amour divin. La tempête, la vraie, est devant nous. Un jour, peut-être on dira : « Père, l'heure est venue ! » Alors, à ce moment-là, en dépit de nos faiblesses, si nous sommes unis, nous pourrons faire face, **ensemble**. Par amour et par respect pour le grand sacrifice, incompréhensible, de notre Seigneur en notre faveur, aimons-nous les uns les autres et faisons de cela un objet de prière constante.

Conclusion

Pour conclure, rien ne permet de dire, à mon avis, au moins pour l'instant, que le Covid-19 est un accomplissement prophétique précis, quel qu'il soit. Mais cet événement doit nous amener à réfléchir comment certains textes prophétiques trouvent une meilleure compréhension. Ainsi, un événement inattendu peut provoquer simultanément et en chaîne, sur tous les habitants de la terre, diverses situations : crise économique mondiale, durcissement des libertés individuelles, dépendance totale du système du gouvernement en place. Du côté ecclésial, cet événement nous montre que même un baptême ou une Sainte Cène restent impossibles à réaliser.

En suivant les paroles du Christ : « Je vous le dis avant pour que lorsque les choses arriveront vous croyiez » (Jn 14.29 ; 13.19 ; 16.4), je n'oserai jamais proposer des interprétations précises avant l'accomplissement de la prophétie car cela est contraire aux enseignements bibliques. D'un autre côté, je constate que jamais l'humanité n'est passée par une phase comme celle qu'elle traverse actuellement avec les problèmes écologiques qu'elle rencontre, les problèmes de violence au sein des familles, les drogues de tous genres qui tuent des millions de personnes par an. Seulement en France, 40 000 personnes décèdent chaque année à cause de l'alcool et 60 000 à cause de la cigarette. Si Jean, dans l'Apocalypse, voyait ces statistiques et la situation du monde occidental anciennement chrétien, comment présenterait-il cela en symboles ?

Il est très probable que d'ici quelques années on ne parle plus de ce virus, mais ce que nous vivons à présent ne doit pas nous laisser insensibles à la marche du monde tel qu'il évolue depuis quelques dizaines d'années. Que ces réflexions puissent nous encourager à nous approcher de plus en plus les uns des autres en nous approchant du Christ. Que le respect et l'amour, dans l'acceptation des différences, règnent parmi ceux qui se réclament du sang de Christ ; c'est ce qu'il nous a le plus souhaité avant sa mort. Des temps difficiles sont devant nous. Que notre unité puisse nous aider à traverser la crise à venir de façon digne, si elle se présente de notre vivant.

La (petite) bête

Jean-Claude Verrecchia[1]

Dans le monde entier, l'Eglise adventiste s'est consacrée pendant le premier trimestre de l'année 2020 à l'étude du livre de Daniel. Beaucoup de membres se sont réjouis de cette étude. La prophétie n'est-elle pas au cœur de l'adventisme ?

L'un des thèmes majeurs du livre de Daniel est celui de la puissance et de la grandeur. Dès le chapitre 2, la statue vue par le roi Nabuchodonosor est impressionnante. Elle décrit les empires qui se succèdent, forts et puissants, en même temps que fragiles. Une petite pierre suffira à les détruire. Nabuchodonosor, on le sait, ne se satisfait pas de cette succession annoncée des empires. Il s'attribue à lui seul le pouvoir et la force. Son règne ne passera jamais. Bien d'autres potentats après lui ont pensé et agi de la sorte.

Dès le chapitre 6, des animaux entrent en scène. Des lions tout d'abord, chargés de dévorer Daniel. Rien n'y fait. Ces animaux, emblèmes de la puissante Babylone, ont la gueule fermée par le messager divin.

Au chapitre 7, les animaux prennent une autre allure : ce sont des monstres, « quatre bêtes énormes » (7.3), des êtres hybrides que personne n'a jamais vus auparavant. Le lion a des ailes d'aigle, des jambes et un cœur d'homme. Le deuxième animal est (comme) un ours dévorant. Le troisième est un léopard volant comme un oiseau, avec quatre têtes. Quant au quatrième animal, c'est une « bête terrible, effrayante et extraordinairement forte » (7.7), aux dents de fer, qui dévore et pulvérise tout sur son passage. Onze cornes viennent compléter sa description.

Le chapitre 8 continue sur la même note. Certes, il n'y a plus que deux animaux, le bélier et le bouc, mais ils déploient tous deux une violence inouïe, l'un contre

---

[1] Jean-Claude Verrecchia, docteur ès sciences religieuses, est professeur émérite de Nouveau Testament au *Newbold College of Higher Education* à Bracknell (Royaume-Uni).

l'autre, jusqu'à ce que pousse une grande corne dont l'activité monte jusqu'au ciel.

Pendant treize sabbats, les fidèles de l'Eglise adventiste ont ainsi côtoyé cette ménagerie biblique aux allures autant fantastiques qu'effrayantes. N'importe quel lecteur non initié à la prophétie apocalyptique serait sans doute terrifié par ces descriptions de puissance et de violence. L'adventiste bon teint, non. Et il en rajoutera même en allant compléter à l'aide de l'Apocalypse de Jean le bestiaire daniélique : un dragon, deux bêtes terribles (Ap 12 et 13). L'adventiste bon teint marche dans l'arène en toute confiance. Car derrière les symboles, il a identifié les ennemis qui se cachent, surtout le grand ennemi. Il sait, non sans raison, que ce dernier sera vaincu. Il sait qu'il n'a rien à craindre. Il sait que la délivrance est proche.

Mais pendant ce temps, à Wuhan, dans la province de Hubei, en Chine...

Pendant ce temps-là, incognito, une petite bête, toute petite, d'un nom qui fait presque penser à une référence biblique : Covid-19. Petite bête non identifiée[2]. On ne sait pas vraiment d'où elle vient, de quoi elle se nourrit, comment elle meurt, et à quel âge. Aussi mystérieuse que Melchisédek ! Petite bestiole qui par la taille fait penser à la petite pierre qui détruit les empires et qui devient une grande montagne. Tel est pour l'instant le Covid-19, qui met tous les empires du monde à genoux, mais aussi les pays les plus faibles. Impitoyable bestiole, qui désespère les médecins et les biologistes : personne ne semble pouvoir l'arrêter.

N'y-a-t-il pas dans la survenue de cet animal microscopique aux terrifiants effets, matière à réflexion ? Il y a fort à parier qu'on tentera d'expliquer le désastre. C'est Dieu qui veut nous donner une leçon. Ou c'est Satan qui s'acharne. Ou c'est le signe tant attendu de la fin du monde et du retour imminent du Christ. Il n'est pas exclu qu'on trouve même un verset biblique qui fasse précisément référence à ce qui se passe sous nos yeux : « La Bible l'a dit. C'était écrit. » J'essaie une autre piste.

Première réflexion : le caractère totalement imprévisible et fulgurant de la pandémie. La bestiole ne s'est pas annoncée. Peut-être était-elle à l'œuvre depuis longtemps sans que nous le sachions. Mais en quelques semaines, c'est quelque plusieurs milliards d'individus dans le monde, sur tous les continents, qui sont concernés par ce mal. Notre calendrier prophétique, qui s'étend sur plusieurs millénaires, en prend un coup. Notre liste des prophéties déjà réalisées est impressionnante, mais selon notre système d'interprétation adventiste, il en reste quand même un certain nombre en attente, ce qui peut donner

---

[2] Par simplification nous utilisons le nom qui lui est donné, mais à tort. Le virus s'appelle SRAS-CoV-2. Covid-19 est le nom de la maladie.

l'impression qu'il faudrait un temps relativement long avant leur accomplissement. Le Covid-19 nous exhorte à la vigilance absolue. Personne ne sait comment nous sortirons de la crise. Mais en quelques petites semaines, la face du monde a été changée. C'est une piqûre de rappel qui nous est infligée : le Seigneur vient comme un voleur, à l'heure où on ne l'attend pas.

Deuxième réflexion : notre interprétation des prophéties de Daniel et de l'Apocalypse se focalise sur les grands systèmes politiques et religieux. Babylone la grande, aux défenses soi-disant imprenables, en est la référence première. Puis vient l'Empire romain qui est une redoutable machine de guerre, une puissance écrasante. La papauté qui lui succède est l'ennemi présent partout, insidieux, maléfique. Les Etats-Unis d'Amérique sont l'agneau redoutable, la première armée du monde et la première économie. Plus c'est grand, plus c'est redoutable, d'autant qu'en face, il n'y a que le reste fidèle, certes avec des Divisions, mais qui ne sont pas armées. Qu'importe, plus extraordinaire sera la victoire finale, celle du Seigneur aux côtés de son peuple. Le Covid-19 ne nous dit-il pas que le plus redoutable n'est pas forcément le plus impressionnant ? N'y-a-t-il pas lieu de reconsidérer la liste des forces en présence ? Les puissants d'hier sont-ils encore et toujours les puissants d'aujourd'hui ? Le Covid-19 ne nous oblige-t-il pas à redessiner la carte de la bataille finale ?

Depuis les pionniers, nous avons posé sur la grande table de l'état-major de notre Eglise les symboles de toutes les forces que nous croyions impliquées dans le dernier combat. Régulièrement, les généraux de l'Eglise se réunissent pour voir l'évolution du combat. Nous avons bougé les pions, parfois. La redoutable Turquie de jadis ne fait plus partie du tableau. La Chine qui n'était pas là mériterait peut-être d'y figurer. Certains veulent absolument ajouter sur cette grande carte des forces en présence les hordes islamiques. La pandémie nous dit peut-être que le plus petit est aujourd'hui bien plus redoutable que le puissant. En somme, le Covid-19 pourrait nous obliger à un changement significatif de notre interprétation des prophéties apocalyptiques.

Troisième réflexion, plus existentielle : les médecins nous disent que beaucoup d'entre nous sont infectés par le virus, mais de manière asymptomatique, sans signe visible. La petite bestiole est en nous, et pas seulement à l'extérieur de nous. Nous avons dans ce cas développé des anticorps salutaires. Pour ceux qui n'ont pas croisé le virus, la vie continue, comme avant. Pour nous tous, comment vivrons-nous après la crise ? Des options différentes sont possibles. La première est de se protéger davantage, car finalement, c'est Jean-Paul Sartre qui a raison, « l'enfer c'est les autres », ceux qui ne respectent pas la distance de sécurité, qui nous postillonnent au visage. Alors fuyons, loin des villes, dans les campagnes et dans les montagnes, pour sauver notre peau. Cette tendance existe déjà dans un certain adventisme, en une forme religieuse de nationalisme. Il est à espérer que la crise actuelle ne lui donne pas une justification supplémentaire. La deuxième option consiste à braver le risque, à rencontrer, à toucher, à parler, même de près. C'est ce que Jésus a fait, et à plusieurs reprises, coupant le cordon sanitaire que le judaïsme avait établi pour se protéger des non-Juifs. La troisième option est de se protéger au maximum, tout en restant au contact des autres. Des gants, des masques, des combinaisons. La technologie aujourd'hui à notre disposition permet tout, sans toucher, de loin. Finalement, le Covid-19 nous contraint de nous poser en termes nouveaux la question de notre présence au monde et dans le monde. Les réponses toutes faites n'existent pas. C'est une réflexion en profondeur qui s'impose. Et comme dans toute guerre, le plus tôt sera le mieux.

Transmettre le virus

John Graz[1]

Nous sommes confinés ! Comme le sont nos enfants, nos petits-enfants et toute la population de nos pays. Depuis les fenêtres de notre appartement, nous voyons une ou deux voitures circuler au lieu du flot habituel. On peut compter les piétons dans les rues. Il n'y a plus d'enfants qui jouent et crient dans le parc ou dans la cour de récréation. Nous sommes confinés.

« Confiné » est un mot qui pour moi, jusqu'alors, se rapportait à quelques situations exceptionnelles. Elles se passaient dans des pays lointains ou à une autre époque. Jamais, je n'aurais imaginé qu'en Europe et même en Suisse cela puisse arriver. Jamais, je n'aurais pensé être un jour le témoin d'une telle épidémie. En fait le mot épidémie est trop faible. Il s'agit d'une pandémie. C'est-à-dire une épidémie qui frappe toutes les régions du monde et pratiquement en même temps. Et pourtant, c'est bien ce qui nous arrive. Pendant des semaines nous avons entendu parler de la Chine qui faisait face au coronavirus. Un mot presque imprononsable pour parler du virus et on parle du Covid 19 pour évoquer la maladie qu'il induit.

Cinq choses m'ont frappé dans notre attitude et celle de notre société face à la pandémie : la sous-estimation du danger ; le manque de préparation ; la propagation exponentielle du virus ; la perte de crédit de la parole des officiels ; et la course effrénée à un médicament miracle ou un vaccin.

En tant que croyants adventistes, nous vivons cette période en nous souvenant des paroles de Jésus et des enseignements des apôtres sur les temps de la fin. L'évènement est annoncé clairement. Jésus dit à plusieurs reprises qu'il reviendra. Pour nous éviter de nous perdre dans toutes sortes de spéculations et

---

[1] John Graz, docteur en histoire, est directeur du Centre international pour la liberté religieuse et les affaires publiques du Campus adventiste du Salève (Collonges-sous-Salève, France). Il a été directeur mondial du département de la liberté religieuse et des affaires publiques de l'Eglise adventiste de 1995 à 2015 et également Secrétaire général de l'IRLA.

d'interprétations, il nous donne des signes, concrets, visibles, identifiables. Ils doivent nous inciter à nous préparer pour le grand jour. Mais malgré tout, nous serons d'une manière ou d'une autre tous surpris par la rapidité des derniers évènements. Nous réaliserons alors que les paroles des autorités sont aussi sujettes à caution. Enfin, la course effrénée à la solution miracle et l'attente angoissée de la bonne nouvelle nous rappellent que nous sommes appelés à être les porteurs de la véritable bonne nouvelle.

La sous-estimation du danger

Tous, nous avons sous-estimé le danger. Pourtant il y avait des signes. On a vu la maladie se propager, en Chine particulièrement. Et avec suffisance, nous avons observé les Chinois se battre, comme ils le pouvaient. C'est-à-dire pour nous, de manière rudimentaire, brutale. Nous, les Occidentaux, nous aurions sans doute fait beaucoup mieux. Etait-il nécessaire de confiner une population de plusieurs millions d'habitants ? Fallait-il interdire la circulation, fermer les aéroports ? Et la liberté dans tout cela ? Mais c'était la Chine.

Une bonne partie du discours de Jésus, sur son retour et la fin de ce monde, est en rapport avec les signes qui l'annoncent. Il répond à la question des disciples : « Dis-nous quand cela arrivera-t-il », et « quel sera le signe de ton avènement ? » (Mt 24.3). Pour le *quand*, la réponse du Seigneur est claire : « Pour ce qui est du jour et de l'heure, personne ne le sait, ni les anges des cieux ni le fils, mais le père seul » (Mt 24.36) ; ce qui devrait mettre un terme à toutes les spéculations sur les dates. Par contre les signes sont décrits de manière détaillée. Il y aura de faux messies, de faux prophètes, des guerres, des persécutions, l'apostasie (Mt 24.4-28).

Le problème avec les signes, c'est qu'à force de les rappeler, de les mentionner, ils deviennent familiers. On s'habitue tellement à eux qu'on ne voit plus leur dynamique. Bruits de guerre, épidémies, tremblements de terre, famines, persécutions, faux christs, faux prophètes... Pratiquement chaque génération a connu cela depuis la résurrection du Christ. On ne discerne plus la progression des signes. Il y a toujours eu des guerres, mais aucune n'a été comparable à la Deuxième Guerre mondiale pour le nombre de morts, les destructions et l'étendue. Le XXe siècle nous a donné les deux seules guerres mondiales de toute l'histoire. Les signes ont atteint une dimension planétaire. La chute de Jérusalem a été une tragédie pour le peuple juif, mais elle ne s'inscrivait pas dans un plan d'extermination de tous les Juifs ; ce qui fut le projet de la solution finale. La grande peste du Moyen-Age a touché principalement l'Occident. Ce fut terrible. Mais ce ne fut pas planétaire. La grippe espagnole, au début du XXe siècle, fut quasi planétaire et aujourd'hui le Covid-19 l'est vraiment. On pourrait bien sûr multiplier les exemples avec le changement climatique, les persécutions... Finalement l'importance du signe tient dans sa perception et sa dimension. Le signe est comme une semence qui croît pour un jour atteindre sa maturité. La guerre est un signe mais lorsqu'elle devient mondiale elle est un signe des temps. L'épidémie est un signe, mais lorsqu'elle devient une pandémie qui bouleverse la vie de tous les pays et que des milliards de personnes sont concernées, elle devient un signe des temps.

Le manque de préparation

Les signes étaient là. On les a regardés, commentés. Nous, nous sommes mieux équipés, notre système de santé est le meilleur du monde, nos instituts de recherches n'ont pas d'équivalent. Pauvres Chinois. Les signes étaient là, mais nos experts ont dit que l'épidémie n'arriverait pas en Europe. L'épidémie se devait de respecter les frontières sans doute. On aurait pu se demander si, par hasard, au cas où, nous avions suffisament de masques. Quelle question ? Et les masques, est-ce vraiment utile ? Et les respirateurs ? En avons-nous assez ? Non, on regardait de haut les Chinois, les Coréens se battre avec leurs méthodes et leurs moyens. Et puis, le virus est arrivé chez nous sans crier gare. Nous avons été surpris. Et nous avons réalisé un peu tard que nous n'étions pas prêts. Où sont les masques ? Ils arrivent demain soir. Ils ne sont toujours pas arrivés.

Les signes, tel un message, étaient là pour nous dire : Préparez-vous ! Mais nous ne nous sommes pas préparés. Et comme il n'y avait pas assez de masques pour se protéger, on a dit qu'ils n'étaient pas utiles pour tous.

Jésus savait que le manque de vigilance nous menaçait. Il insiste et insiste encore sur le danger de baisser la garde. Il prend l'exemple du déluge : « Ce qui arriva du temps de Noé arrivera de même à l'avènement du Fils de l'homme. Car dans les jours qui précédèrent le déluge, les hommes mangeaient et buvaient, se mariaient et mariaient leurs enfants » (Mt 24.37-38). Pour être certain que son message soit compris par tous, il prend d'autres exemples : le serviteur fidèle ; les dix vierges ; les gestionnaires de fortune...

Là encore, l'avertissement est clair. Seul celui qui persévèrera jusqu'à la fin sera sauvé (Mt 24.13). Le grand danger est donc la perte de conscience de la gravité de l'évènement. Ce qui se traduit par un foisonnement de *fake news* alarmantes ou trop rassurantes. Rassurantes, elles justifient notre manque de préparation pour le grand évènement ; alarmantes, elles engendrent la peur, la panique, la confusion : c'est trop tard, les jeux sont joués. Il n'y a plus rien à faire.

Le retour du Christ est une réalité qui se prépare soigneusement, quelles que soient les circonstances. Elle n'est pas dépendante de l'humeur du moment. Je crois que Jésus va revenir car il l'a promis, donc je me prépare. Que le soleil brille, que l'orage gronde, que la tristesse et le deuil m'accablent, que le bonheur me submerge, je me prépare, comme on prépare un important voyage, son dernier grand voyage.

La propagation exponentielle du virus

Nous savons que le Covid-19 se transmet très rapidement, par goutelettes dispersées par la toux et par le contact avec des surfaces infectées. Il y a trois semaines, j'ai suivi les conseils des autorités recommmandant aux plus de 65 ans de rester à la maison. Bien à contre-coeur, il m'a fallu renoncer à prêcher, à participer à certaines rencontres et surtout à ne plus visiter nos enfants et petits-enfants. Etait-ce vraiment efficace ? Mais en bon citoyen, j'ai obéi. Bien m'en a pris, car plusieurs de mes collègues et amis, qui eux ont participé à l'une de ces réunions, ont été infectés. A mon âge, le fait d'être infecté n'est pas ce que je redoute le plus. Par contre, le plus effrayant, le plus angoissant est de transmettre la maladie. Pire encore, sans être malade, donc sans en être conscient.

Dommage qu'il n'existe pas de virus du bonheur, de la bonne humeur, de la gentillesse, de la paix... qui, en quelques heures, en quelques jours, se transmettrait à des milliards de personnes. Cela m'a rappelé l'épidémie de la grippe aviaire. Elle se passait surtout en Chine. Elle a commencé par toucher les oiseaux, les poules... puis ce furent les humains.

A cette époque, je devais aller à Chypre pour préparer la rencontre annuelle de la Conférence des secrétaires des Communions chrétiennes mondiales. Je participais ensuite au 1er Congrès sur la liberté religieuse au Kazakhstan et à plusieurs rencontres dans la ville d'Almaty. Au milieu de la nuit, je suis arrivé à l'aéroport. Lugubre. Pire encore, tous les policiers portaient des masques, comme on les voit aujourd'hui dans les hôpitaux. C'est alors que je pris conscience qu'Almaty, étant située près de la frontière chinoise, avait peut-être, elle aussi, été infectée. Heureusement on m'attendait sur le parking de l'aéroport. J'étais à la fois heureux et rassuré jusqu'au moment où dans la voiture, mon traducteur, contre lequel j'étais assis, se mit à tousser et à tousser encore. Il n'avait pas de masque et il toussait. Et si c'était la grippe aviaire. Et si l'épidémie avait déjà frappé Almaty ?

Quelques jours plus tard, à mon retour, j'ai fait la liste de tous les parents, amis et collègues que j'avais rencontrés. Et si, moi aussi, j'avais été infecté ? Et si j'avais transmis le virus ? Heureusement, ce ne fut pas le cas, mais je ne le savais pas encore. La peur de transmettre le virus de la mort est bien naturelle.

Comment ne pas penser aux croyants réunis à Mulhouse pour louer Dieu qui sans le savoir sont devenus l'épicentre de l'infection en France.

Mais dans ces moments difficiles, Dieu ne nous abandonne pas. Il nous donne le privilège et la joie de transmettre un autre virus, celui de la vie, de la vie éternelle : « Celui qui croit en moi vivra, quand même il serait mort, et quiconque vit et croit en moi, ne mourra jamais » (Jn 11.25-26).

La perte de crédit de la parole des autorités

Malgré leurs connaissances et l'autorité que la société et les gouvernements leur accordent, les experts auront perdu un crédit certain dans cette crise. On ne remettra pas en cause leur intelligence, ni même leur expertise, mais leur suffisance et le pouvoir qu'on leur attribue. Les politiques, dépassés, se sont abrités derrière eux. Ils ont donné à leur parole une autorité démesurée. Il fallait des réponses aux questions, des décisions à prendre avec les moyens du bord. Il fallait dire qu'on avait la situation bien en mains pour rassurer, tout en sachant qu'elle échappait à tous. Nous voulions en ces temps de crise majeure avoir des réponses, des actions. C'est ce qu'on nous a donné. Nous avions besoin d'entendre ce que nous voulions entendre. Le plus bel exemple est celui des masques. Quand les dirigeants se sont aperçus qu'il n'y en avait pas assez, on a dit que le masque était inutile pour ceux qui ne sont pas infectés. Tel a été le message soutenu par les experts officiels. Pourtant le bon sens veut que si le virus se transmet par des goutelettes dispersées provoquées par la toux, mais aussi sans doute par les cris, les chants... enfin tout ce qui sort de la bouche, la meilleure protection était le masque. De plus, sachant qu'on peut transmettre le virus et être infecté sans le savoir, à quoi bon réserver les masques pour les seuls malades déclarés et les soignants. Le problème reconnu par tous aujourd'hui, c'est qu'il n'y avait pas assez de masques. Pourquoi les autorités ne l'ont pas tout de suite admis. Sans doute pour éviter des réactions de panique de notre part. On se souvient d'autres cas comme les essais nucléaires, Tchernobil, la nocivité du tabac, de l'alcool, de certaines drogues... Il y a toujours eu des experts pour dire ce que le pouvoir politique ou économique voulait.

Que disent les experts, voire les spécialistes de la théologie, du retour du Christ ? C'est pourtant le message central de l'espérance chrétienne. On a parfois l'impression que plus on est un spécialiste reconnu de la Bible, moins on croit à l'actualité de son message. L'apôtre Pierre faisait face aux mêmes arguments qu'aujourd'hui. Sa réponse est un avertissement valable pour notre temps : « Il viendra des moqueurs avec leurs railleries disant : Où est la promesse de son avènement ? » (2P 3.3-4a). Suit un argument de taille : « Car depuis que les pères sont morts, tout demeure comme dès le commencement de la création » (2P 3.4b).

Pour un certain nombre de théologiens, mais pas de tous heureusement, croire à la création, au déluge, au passage de la Mer rouge, à la résurrection, au retour du Christ, ne résiste pas à l'épreuve de l'histoire : « Ils veulent ignorer en effet, que des cieux existèrent autrefois par la parole de Dieu, de même qu'une terre tirée de l'eau et formée au moyen de l'eau, et que par ces choses le monde d'alors périt, submergé par l'eau » (2P 3.5-6).

Le vouloir ignorer est un acte volontaire, un parti pris. Il se revendique souvent de la raison, de la rationalité, voire même de la science. Pierre ne se lance pas dans un débat. Il se réfère à son expérience : « Ce n'est pas, en suivant des fables habilement conçues, que nous vous avons fait connaître la puissance et l'avènement de notre Seigneur Jésus-Christ, mais – et voici sa réponse – c'est comme ayant vu sa majesté de nos propres yeux » (2P 1.16).

La foi repose sur une expérience vécue. Suit la raison du retard : « Mais il use de patience envers vous [afin] que tous arrivent à la repentance » (2P 3.9). La patience de Dieu n'est pas un signe de faiblesse, mais d'amour. Elle ne remet pas en cause le retour du Christ, car « le jour du Seigneur viendra comme un voleur (2P 3.10). C'est une affirmation, pas une hypothèse. C'est une certitude.

Nous avons besoin de la science et des experts. Nous avons besoin de la recherche pour connaître la vérité. Ce qui est le but de la science. Mais reconnaissons avec humilité notre ignorance et acceptons-la. Chaque époque a eu ses experts. On les appelait parfois magiciens, prophètes, prêtresses... Leur science nous paraît aujourd'hui très discutable. Il faut retrouver la raison. Pour être saine, la science, comme la foi, doivent rester indépendantes des idéologies et de la politique. La science, comme la foi, doivent accepter d'être mutuellement interpellées.

La course effrénée à la solution miracle

Comment sortir de la crise ? C'est la question des questions. C'est aussi le grand défi des chercheurs et des groupes pharmaceutiques. Il faut découvrir le plus rapidement possible une solution. Le confinement n'est qu'une mesure temporaire pour limiter les ravages. Les médicaments pourraient aider, mais la bonne nouvelle que tous attendent, souhaitent, aspirent à entendre, c'est le vaccin. Le vaccin qui détruira les effets mortels du virus.

Une course effrénée est engagée. Qui trouvera ? Quand la bonne nouvelle sera-t-elle annoncée ?

C'est surprenant comme ces mots « bonne nouvelle » devenus si familiers, pour ne pas dire un cliché, pour nous croyants, prennent tout leur sens aujourd'hui. Le virus de la mort a frappé l'humanité naissante dans le jardin d'Eden. La seule médecine que Dieu pouvait appliquer pour le terrasser, fut d'envoyer son Fils sur le terrain. Le virus l'a frappé. Mais en le frappant, il s'est lui-même condamné à mort. Ses jours étaient désormais comptés. Voilà l'extraordinaire bonne nouvelle. Le virus est vaincu et nous connaissons le vainqueur. Le monde a besoin de cette bonne nouvelle.

La vie triomphe de la mort et Dieu fait de chacun de nous les porteurs de la bonne nouvelle. Le virus est mort mais Christ est vivant. Le virus est mort et nous vivrons.

Conclusion : la priorité des priorités

Comment, alors que nous vivons cette pandémie historique, ne pas faire un parallèle avec la fin des temps ? Les signes sont là, mais sommes-nous prêts ? Le virus se répand comme le feu sur la poudre. Il est peut-être le signe des signes. Il bouleverse nos certitudes. Il réduit à néant nos progrès économiques. Il ridiculise nos programmes écologiques. Il anéantit nos timides réformes si impopulaires. Il s'impose, au moment où j'écris, comme la priorité des priorités. Désormais c'est lui qui captive nos forces, notre énergie et notre espoir.

Dans ce contexte, l'ordre de Jésus à ses disciples prend tout son sens : « Allez par tout le monde, et prêchez [transmettez le virus de] la bonne nouvelle à toute la création » (Mc 16.15).

Interpellés par le Covid-19...
A quand la fin ?

Bruno Vertallier[1]

Le confinement dû au Covid-19 nous a tous pris par surprise ! Cette halte brutale dans nos habitudes ne se vit pas de la même manière pour ceux qui sont en service actif – en particulier les personnels de santé qui s'activent de manière dévouée auprès d'un grand nombre de malades envers qui nous sommes si reconnaissants – ou ceux qui se voient bloqués dans leur petit appartement ou dans leur maison avec jardin. Il y a de quoi se sentir doublement oppressé selon l'environnement dans lequel nous évoluons.

Pour les croyants, en particulier les adventistes du septième jour, ce confinement surprise suscite de nombreuses réflexions par rapport aux écrits prophétiques et à notre indéfectible croyance du retour de Jésus.

Les conséquences dramatiques de ce Covid-19, par la rapidité de la contamination et les trop nombreux morts, nous rappellent qu'il est important de bien compter nos jours. Les paroles de Jésus concernant les signes de son avènement prennent une sonorité appuyée. Les textes prophétiques rapportés par Matthieu et Luc prennent une vigueur renouvelée. Sans vouloir faire de littéralisme ou de chronologie des événements présents et à venir, il n'en demeure pas moins que cette situation de santé mondiale due au Covid-19 ne peut que nous interpeller, le danger étant immense pour des centaines de millions d'individus.

Pour nombre d'entre nous, qui avons été épargnés des grands conflits mondiaux et qui avons parfois été les spectateurs de catastrophes locales se déroulant dans des régions lointaines, nous réalisons soudain que nous sommes en première

---

[1] Bruno Vertallier, docteur en *ministry*, ancien Président de la Division inter-européenne des Eglises adventistes du septième jour, est professeur émérite en théologie pratique de la Faculté adventiste de théologie de Collonges-sous-Salève (France).

ligne. Nous devenons compagnons de douleur de ceux qui ont vécu des tragédies que nous avons suivies par le petit écran, confortablement installés dans notre salon. Nous voilà soudain très concernés !

Pour ceux qui étaient témoins de ces catastrophes lointaines, il y avait déjà matière, pour les croyants, à se poser des questions quant à l'accomplissement des prophéties et l'imminence du retour de Jésus. Les paraboles que les disciples ont entendues de la bouche même de Jésus nous reviennent naturellement à l'esprit.

Un des aspects interpellants de cette menace du Covid-19 est le caractère universel de ce fléau. Il change encore un peu plus la donne puisque chaque personne sur la planète Terre est directement confrontée au risque mortel. Le danger est d'autant plus grave que « l'ennemi » est invisible et qu'il n'y a pas d'antidote valable, du moins dans l'immédiat. Quelques-uns diront : « Oui, le monde a déjà été confronté à des fléaux de grande ampleur comme la peste au Moyen-Age, et plus proche de nous, la grippe espagnole, le sida ou Ebola, et bien d'autres fléaux. Le fait de disposer de tout un arsenal sanitaire ne suffit plus. Le risque zéro n'existe pas et chacun se demande quand ce sera son tour.

D'où l'importance, pour le croyant, d'être toujours prêt, comme Jésus nous y invite. Cela nous amène à considérer un autre aspect de notre vie qui pourrait lui aussi avoir une conclusion fatale, d'où l'importance d'être prêt face à l'ennemi. Cet « ennemi » tout aussi redoutable et invisible se nomme le péché. Ce virus-là, heureusement, n'est pas sans antidote et Jésus lui-même nous dit qu'il est le remède, et que celui qui « persévérera jusqu'à la fin sera sauvé » (Mt 24.13). Jésus parle d'une situation « telle qu'il n'y en a jamais eu » (Mt 24.21). Jésus utilise aussi le mot abomination : « C'est pourquoi, lorsque vous verrez l'abomination de la désolation » (Mt 24.15), « relevez la tête » (Lc 21.28).

L'important, pour les auditeurs de Jésus, était de ne pas avoir peur et de ne pas se décourager. Il en va de même aujourd'hui pour le croyant. Il peut vivre au milieu des fracas de la vie, il peut même être touché par les catastrophes qui l'entourent, il a malgré tout un avenir dans la foi et la grâce offerte par Jésus.

Le contexte est sérieux en ce qui concerne les signes. Ce n'est pas sans raison que Jésus compare le temps de la fin avec le temps de l'époque de Noé. C'est avec gravité que nous lisons : « Ce qui arriva du temps de Noé arrivera de même à l'avènement du Fils de l'homme » (Mt 24.37). Non pas que Jésus soit contre les agapes et les réjouissances de la vie mais à cause du fait que personne « ne se doute de rien » (Mt 24.39). Ce qui est important et vital pour eux semble ne pas les concerner. Ils ne veulent pas regarder.

A un autre niveau, nous pouvons aussi admettre que le monde moderne ne veut pas voir la situation en face et que même les croyants se sont laissé prendre au jeu. La consommation à outrance des ressources naturelles de notre planète a usé la terre. Dans la même dynamique, les défenses naturelles des humains ne suffisent plus à contenir les pollutions en tout genre que les terriens produisent pour leur environnement et pour eux-mêmes.

On pourrait espérer que les chefs d'Etat, ainsi que les industriels, sans oublier chacun de nous, vont à l'avenir se montrer plus responsables, plus protecteurs et plus solidaires des ressources mondiales.

Certains organismes mondiaux en appellent même à un cessez-le-feu afin que toutes les forces soient disponibles pour cette « guerre » que nous livrons au Covid-19. Ah, si les armes étaient confinées pour de bon ! Est-ce que l'homme pourrait devenir bon ? Ne rêvons pas, même si nous voyons des actes de générosité, de dévouement, d'engagement de la part des services hospitaliers qui sont en première ligne et de tous ceux qui accomplissent des bonnes actions silencieuses, dont on ne parle jamais. La nature humaine est ainsi faite qu'après la crise, la plupart des concitoyens retourneront à leur frénésie du chacun pour soi. Cela n'empêche que nous aurons vécu quelques actes de bravoure, de générosité et d'entraide qui font chaud au cœur.

Combien de temps allons-nous vivre avec cette épée de Damoclès au-dessus de nos têtes ? Nul ne peut le dire. Une chose est sûre, c'est que le moral en prend un coup et l'incertitude grandit. Fini le temps des sourires moqueurs et des déclarations maladroites de ceux qui ne croyaient pas que cette crise puisse être gravissime. Fini les regards faussement compatissants vis-à-vis des pays qui ont été les premiers touchés. Nous pensions tellement que nous étions mieux protégés et mieux équipés, et pourtant il n'a pas fallu longtemps avant de découvrir les méfaits du Covid-19 sur des populations qui se croyaient à l'abri. Cela n'allait pas durer, nous aurions vite raison de ce mal. C'est en général le sentiment qui se développe chez les personnes touchées par un ennemi. On voit cela en temps de guerre. Les soldats partent au combat avec la certitude que cela ne durera pas... Et puis le temps passe et l'on creuse des tranchées et on s'arme avec davantage de matériel.

Si au départ nous avions cru que quelques jours de confinement seraient suffisants, aujourd'hui, personne ne peut dire quand la situation redeviendra normale, pour peu que ce qui était avant soit considéré comme normal. La frénésie du consumérisme, la pollution qui va avec, reprendront avec toute l'arrogance de ceux qui ne veulent pas comprendre. On aura vite fait d'oublier l'avantage d'un air plus sain que nos poumons apprécient.

La crise ne va pas s'arrêter avec le redémarrage des secteurs d'activité et tous les soubresauts que cela va entraîner : les pertes d'emploi, les faillites et les dépressions nerveuses... Nous assisterons aussi aux règlements de compte féroces entre les responsables politiques, s'accusant mutuellement d'être responsables de la gestion de la crise, soit par manque d'anticipation des besoins ou des procès d'intention faciles quand on n'est pas aux commandes.

Le croyant vit au milieu de ces événements dramatiques et se sent très solidaire des défis de ses contemporains. Cela doit aussi l'amener à se demander comment traduire l'espérance du retour de Jésus dans une société qui se trouve vite aux abois lorsqu'elle est touchée par une situation grave qui menace son intégrité physique. Comment considérer la Bible et ses prophéties avec sérieux et comment présenter les réalités de la vie sans y voir une menace divine tout en ouvrant les yeux sur les avertissements de Dieu par rapport à l'urgence des temps dans lesquels nous vivons ?

Tout cela a été écrit pour nous dire qu'un jour une ruine soudaine frappera l'humanité et qu'il est vital de continuer à garder sa foi vivante en celui qui vient, à savoir Jésus-Christ. Alors gardons cette espérance qu'un jour nous verrons « de nouveaux cieux et une nouvelle terre » (2P 3.13 ; Ap 21.1), là où Dieu lui-même habitera et qu'il n'y aura « plus de maladie » (Ap 21.4). Oui « Viens Seigneur Jésus » (Ap 22.20) ! Viens vite !

Vanitas, vanitatum

Roland Fayard[1]

Ça y est, c'est arrivé ! Le cauchemar des infectiologues et des épidémiologistes est devenu une réalité ! Un virus sorti de nulle part et inconnu de tous se répand à grande vitesse sur la planète et ravage l'humanité.

A écouter les propos des médecins et des scientifiques, nous sentons bien que tout le monde est pris au dépourvu : on ne sait pas combien de temps durera la pandémie ni comment elle va évoluer et on ignore encore bien des caractéristiques du virus en cause. Est-il contaminant sur les surfaces inertes ? Est-il présent en suspension dans l'air que nous respirons ? Est-il stable du point de vue de son génome ? Sera-t-il sensible à la chaleur estivale ? On découvre que les populations que l'on croyait protégées, comme les jeunes, ne le sont pas tant que cela et la seule arme que l'on ait trouvée est un confinement complet aboutissant à une situation surréaliste où maintenant un tiers de la population mondiale est confinée à la maison et où les économies sont à l'arrêt à peu près complet.

Cet agent infectieux appartient à la famille bien connue des coronavirus et était un virus animal exclusif. Son réservoir animal naturel est probablement la chauve-souris qui l'a transmis occasionnellement à un autre animal, probablement le pangolin, l'un des mammifères les plus braconnés au monde et vendu illégalement sur les marchés pour sa chair et ses écailles, qui l'a transmis accidentellement à l'homme, provoquant les premières pneumopathies atypiques qui ont attiré l'attention à Wuhan en Chine. A la faveur de quelques mutations génétiques ce virus est devenu humain, avec une grande contagiosité et une dangerosité que l'on a encore cependant du mal à évaluer, créant l'épidémie chinoise.

---

[1] Roland Fayard, docteur en médecine, spécialiste des questions de santé publique, aujourd'hui à la retraite, est chargé d'enseignement à la Faculté adventiste de théologie de Collonges-sous-Salève (France) sur les sujets liés à la santé.

A la faveur d'un autre déterminant – la mondialisation et son réseau de communications intercontinentales – il se répand sur toute la planète, semant le désordre mais aussi créant une très grande inquiétude, voire la terreur. Ce virus est alors nommé Covid-19 par l'Organisation Mondiale de la Santé.

La grosse difficulté est de prédire les mutations qui, pour un virus donné connu chez l'animal, surviendront lors d'un passage chez l'homme, cette prédiction étant quasi impossible. Une épidémie démarre le plus souvent par surprise et atteint une population humaine vierge, c'est-à-dire qui n'a jamais rencontré ce virus et n'a pas développé de défenses immunitaires. C'est donc une autoroute libre qui s'ouvre devant lui ce qui explique la rapidité de l'expansion de l'infection. Quand celle-ci prend une dimension planétaire on parle de pandémie.

C'est là la crainte permanente des épidémiologistes et infectiologues.

Si l'on considère les maladies infectieuses, nous sommes désormais dans une période spécifique représentée par les maladies dites émergentes, dues à l'apparition de nouveaux virus qui se répandent en trainée de poudre tous les cinq à dix ans environ, portant des noms qui font parfois froid dans le dos : HIV, ESB, SRAS, MERS, HANTA virus, EBOLA, H_1N_1, Grippe aviaire, West Nile virus, Rift-Valley fever, Zika, Dengue, Chikungunya... et maintenant Covid-19 !

Avant cette phase virale, l'humanité était menacée par les épidémies bactériennes, ou microbiennes. L'histoire a retenu les épidémies meurtrières de choléra ou de peste, en particulier la grande peste noire médiévale (1347-1352) qui a fait 20 à 25 millions de morts en Europe, soit la moitié de la population du continent de l'époque. Cette ère bactérienne s'est terminée au milieu du XXe siècle avec la découverte des antibiotiques. Mais alors qu'on croyait en avoir fini avec les maladies infectieuses, ce sont les virus, sur lesquels les antibiotiques sont inefficaces, qui ont pris le relais, raison pour laquelle on parle de maladies émergentes bien que les virus aient toujours côtoyé les bactéries dans l'histoire.

La survenue de cette épidémie foudroyante de Covid-19 suscite évidemment des réactions diverses chez les gens.

La première réaction, bien compréhensible, est l'effroi et la peur surtout chez ceux qui ressentent une grave menace sur leur vie ou qui craignent de perdre un être cher. C'est cette réaction qui est à l'origine de comportements irrationnels et indélicats que l'on voit chez ceux qui s'en prennent par exemple à leurs voisins, leur intimant de déménager car ils sont soignants ou pompiers, en première ligne et vecteurs possibles du virus. Comportements amplifiés par l'ambiance très singulière du confinement.

Une deuxième réaction est une restructuration et un resserrement des liens entre les personnes dans la société. Cela se manifeste partout dans le monde : solidarité envers les soignants, les secouristes, les transporteurs, les plus démunis, respect collectif des consignes de sécurité, initiatives innovantes et bénéfiques de toutes sortes.

Une troisième réaction fait considérer cette pandémie comme un fléau de Dieu destiné à châtier les hommes, voire comme une action spécifique de Satan contre l'humanité. Il faut, là, prendre un peu de recul pour bien analyser les choses. Nous savons aujourd'hui que notre corps accueille une quantité incroyable de bactéries que l'on appelle le microbiote et qui, loin d'être nocives, sont pour certaines d'entre elles indispensables à notre vie. Il est estimé que le nombre de ces êtres unicellulaires qui nous colonisent est de l'ordre 10^{14}, soit cent-mille milliards de micro-organismes, aussi nombreux que les cellules de notre corps. Le nombre de bactéries nocives est très faible par rapport au nombre total d'êtres unicellulaires vivant sur terre. On pourrait émettre l'hypothèse que les bactéries ont été créées par Dieu au moment où il a créé l'écosystème terrestre, aucune d'entre elles n'étant alors pathogènes, mais certaines l'étant devenues ensuite quand tout s'est déréglé après la chute de Genèse 3. On pourrait peut-être émettre la même hypothèse pour les virus ; hypothèse certes beaucoup plus hasardeuse, les virus étant en réalité de vrais parasites, une forme de vie très dégradée, à la limite même du vivant puisqu'il ne s'agit pas de cellules et qu'ils ne peuvent se reproduire qu'en se répliquant à l'intérieur des cellules infectées. Les virus deviennent pathogènes par des processus naturels que l'on sait maintenant déchiffrer et que l'on utilise pour créer des médicaments antiviraux ou des vaccins. Les Chinois, par exemple, ont très vite séquencé le génome de ce virus et l'ont envoyé aux autres nations, c'est ce qui a permis de développer les tests de dépistage des porteurs humains, sains ou malades.

Une variante de cette troisième réaction nous envoie dans la théorie du complot : un laboratoire spécialisé indiscutablement malveillant, peut-être à la solde d'un Etat voyou, aurait créé ce virus de toute pièce pour réduire la taille de l'humanité et lutter contre la surpopulation. Ou pour toute autre raison. Mais gardons notre sang froid. Si tel était le cas, nous n'aurions pas besoin de confinement, il suffirait de laisser Covid faire son travail ! De plus les virus existaient bien avant les laboratoires.

Une quatrième réaction concerne ceux qui scrutent les signes de la fin du monde : cette épidémie, particulièrement impressionnante, survient dans un temps que l'on considère comme étant celui de la fin, donc ça y est, Jésus revient ! Il ne faut pas minimiser cette interprétation et dire que tout va bien, que cela n'a rien à voir et que tout va redevenir comme avant. Il faut placer de tels évènements de grande ampleur dans cette perspective et se tenir prêts pour la fin. Ils sont de vrais indicateurs de l'histoire. Pour autant, il ne faut pas non plus tirer des conclusions trop hâtives. N'oublions pas qu'il y a un siècle, en 1918, la grande pandémie de grippe (dite espagnole) a ravagé le monde, faisant – avant même la fin de la Première Guerre mondiale – plus de morts que la guerre elle-même avec respectivement 50 et 20 millions de morts. Il y a un siècle de cela et nous sommes toujours là, attendant le retour de Jésus.

Un indicateur important des temps de la fin pourrait bien être plutôt la mondialisation elle-même qui est le dénominateur commun de phénomènes comme les pandémies, bien sûr, qui ont souvent leur origine dans des modifications des biotopes, mais aussi la pollution généralisée et les modifications climatiques telles que le réchauffement. Autant de phénomènes qui impliquent souvent la responsabilité de l'homme. Mais d'autres indicateurs, peut-être plus importants encore, sont d'une autre nature : sociale, politique et surtout religieuse.

Néanmoins ne perdons pas de vue que si cette épidémie nous emporte, notre mort a la même signification que la fin du monde et le retour de Jésus.

La survenue de cette épidémie, avec cette mort de masse qui frappe les populations, nous met face à notre fragilité ; nous pouvons être fauchés à tout moment. « Nous sommes bien peu de chose » entend-on souvent ; ou encore : « Notre vie ne tient qu'à un fil ». Sentiment de fragilité bien exprimé par le Qohélet : « Vanité des vanités, dit l'Ecclésiaste, tout est vanité ». S'il est un livre qui impressionne toujours, c'est bien celui-ci, l'Ecclésiaste, par son réalisme qui peut le rendre parfois lugubre, mais aussi par sa lucidité.

Et il est intéressant de noter que dans l'Ecclésiaste, le mot « vanité » est une traduction du mot hébreu *hebel*, qui est traduit aussi parfois par « fumée » ou par « futilité ».

Or *hebel* est un mot qui recouvre deux sens à la fois. Techniquement, les spécialistes appellent cela une amphibologie. Il signifie précisément « buée » ou « vapeur » et désigne quelque chose d'impalpable et d'éphémère qui disparaît à peine apparu. Mais il est aussi le nom d'un homme, Abel, le second fils d'Adam, tué par son frère Caïn avant même d'avoir une descendance, donc symbole aussi de l'éphémère, de ce qui n'a pas d'avenir, de ce qui peut disparaître brusquement.

Or deux causes majeures de mort de masse rendent l'humain si fragile et éphémère.

La première cause, comme Caïn qui tue Abel, c'est l'homme lui-même quand il se déchaîne dans la violence. Et en particulier à travers les conflits armés. Le XXe siècle nous a offert deux guerres mondiales d'une ampleur sans précédent, faisant respectivement 20 et 60 millions de morts en 4 ou 5 ans.

La deuxième cause de mort de masse est liée précisément aux épidémies infectieuses qui nous viennent de l'invisible : bactéries et virus. Avant que l'on découvre ces micro-organismes et que l'on rende visible ce monde de l'extrêmement petit, on comprend la terreur des populations qui étaient frappées sans savoir ni comprendre d'où venaient les coups et les attribuaient à Dieu ou à des puissances surnaturelles. Et ceci a dû alimenter, à un moment, une théologie de la rétribution qui voulait que celui qui était frappé payait pour ses fautes. A la manière du discours des amis de Job.

Mais cette deuxième cause est aussi à l'origine d'un sentiment d'absurdité qui pointe dans les mots « vanité », « fumée » ou « futilité ». Et ce sentiment d'absurde n'est même pas évacué par la connaissance contemporaine de ce monde invisible des micro-organismes. Même si on sait par quoi on est fauché, cela n'explique pas pourquoi on l'est.

Le sentiment d'absurde apparaît chez tout homme, croyant ou non, mais avec un sens différent chez le croyant. Il est à l'origine de philosophies particulières chez certains penseurs : Kierkegaard, Kafka, Sartre, Camus. Et chacun traite l'absurde à sa manière. Ainsi, c'est précisément au cœur d'une épidémie meurtrière de peste à Oran qu'Albert Camus, dans son roman éponyme, place son personnage, le docteur Rieux, médecin athée ou tout au moins agnostique, et le fait lutter contre l'absurde précisément en se dévouant au service des autres, au péril de sa vie. Les autres donnent son sens à sa vie. Est-ce là un des moteurs qui poussent les équipes soignantes de la pandémie de Covid-19 à se dévouer ?

L'absurde est aussi souligné par le fait qu'une pandémie renforce des inégalités existantes, et les transforme en de véritables iniquités, tant au niveau des individus que des nations : les pauvres luttent moins bien que les riches et paient plus cher qu'eux.

L'Ecclésiaste exprime lui aussi l'absurde :

> « Je me suis dit, au sujet des humains, que Dieu les éprouvait, pour qu'ils voient eux-mêmes qu'ils ne sont que des bêtes. Car le sort des humains et le sort de la bête ne sont pas différents ; l'un meurt comme l'autre, ils ont tous un même souffle, et la supériorité de l'humain sur la bête est nulle : tout n'est que vanité. Tout va dans un même lieu ; tout vient de la poussière et tout retourne à la poussière » (Ecc 3.18-20).

Ou pire encore :
> « Moi, je déclare les morts qui sont déjà morts plus heureux que les vivants qui sont encore en vie » (Ecc 4.2).

Et il continue en disant que ceux qui ne sont pas encore venus à la vie sont encore plus heureux !

A quoi bon percer les secrets de la nature et augmenter nos connaissances puisqu'au bout du compte nous disparaissons ? Et ces virus dénués de toute intelligence, ou même d'intention, qui frappent à l'aveugle et nous emportent en quelques heures ! Par surprise de surcroît !

Vanité, fumée, futilité sont souvent surqualifiées par l'Ecclésiaste de « poursuite du vent », soulignant bien le côté absurde de cette vie.

La plupart de nos contemporains ne voient pas (ou plus) Dieu, qui s'est rendu invisible depuis longtemps et dont l'absence est encore plus criante en ces temps de menace. De même, déjà, le livre de l'Ecclésiaste ne cite que rarement le nom de Dieu en en faisant presque une entité impersonnelle et éthérée, rendant l'ambiance de son propos encore plus lourde et sombre... plus réaliste au fond !

Pourtant, l'Ecclésiaste s'achève sur ces paroles : « Ecoutons la conclusion de tout discours : crains Dieu et observe ses commandements » (Ecc 12.13). Dieu n'est pas responsable des malheurs des humains, mais il n'est pas absent non plus ; il tient l'histoire dans sa main et ceci doit nous rassurer.

Finalement, cette pandémie est une épreuve pour tous, mais doit-on céder à l'angoisse et à la terreur ? Les chrétiens ont une espérance et une certitude par-delà même la mort qui rôde. Ils peuvent être vecteurs de paix et de sérénité.

Il y aura sans doute deux grands gagnants de cette tragédie : la planète elle-même qui voit la pollution atmosphérique de ses grandes villes disparaître en quelques jours... et le pangolin qui, depuis qu'il est un pestiféré, voit sa consommation baisser de façon spectaculaire.

Quant aux humains, sauront-ils en tirer les leçons ?

Chemin de deuil face au virus

Geneviève Aurouze[1]

Coronavirus ! Une tempête qui submerge le monde entier, entraînant dans ses flots un tourbillon de mots qui percutent la société de plein fouet !

Pandémie, virus, propagation, pénurie, Covid-19, contamination, « guerre », fléau mondial, état d'urgence sanitaire, crise inédite, autant de termes lourds de sens. Auxquels s'ajoutent des synonymes de privation, de sanctions, tels que confinement, interdictions, contrôles de police, verbalisation, mesures coercitives... ayant tous un effet néfaste, voire délétère.

Cet événement exceptionnel, considéré comme une calamité internationale, a des retombées fort dissemblables pour les « assignés à résidence » suivant les espaces, les conditions de vie et l'état de santé. Il est clair que les personnes atteintes de graves troubles psychiques, celles qui souffrent de claustrophobie, les désorientés, les dépressifs ayant des tendances suicidaires, d'autres des obsessions paranoïdes, sont dans l'incapacité de supporter des mesures si contraignantes.

Quant à la qualité de vie, force est de constater des conditions très inégales. Dans l'étude des probabilités, la courbe de Gauss (en forme de cloche) montre des disparités statistiques dans maintes situations. Celles dites standards – car les plus courantes – sont mises en évidence sous la cloche, et d'autres moins répandues quoique bien présentes sont classées de part et d'autre. Dans la configuration actuelle d'un confinement obligé et sans moyen d'échappatoire, trois groupes sont répertoriés. Sur un côté, des familles défavorisées, la plupart en sévère précarité, habitant de grands immeubles surpeuplés sans balcons, entassées dans des logements trop exigus, avec malheureusement un taux croissant de maltraitance, d'abus et de violence aux conséquences tragiques. L'autre côté regroupe les foyers pouvant être considérés comme privilégiés,

---

[1] Geneviève Aurouze, psychologue clinicienne, psychothérapeute, est professeur émérite de psychologie de la Faculté adventiste de théologie de Collonges-sous-Salève (France).

vivant à la campagne, proches de la nature, possédant villa avec jardin, fleurs et potager à la clé. Même si tensions conjugales, violence et mal-être ne sont pas forcément exclus dans ces milieux favorisés ! Au centre, probablement plus de 50 % de la population, les personnes entre ces deux situations.

Cette mise en évidence des écarts soulève évidemment la notion d'injustice. Là n'est pas le propos de cet article, même s'il serait opportun de s'intéresser au drame subi au sein de certains ménages si désavantagés. Notre axe de réflexion s'articule autour du vécu probable de la majorité des gens confrontés à la crise actuelle. Donc après cette parenthèse, qui a permis de mettre l'accent sur un panorama humain très disparate, nous voulons analyser les comportements et les ressentis d'une population mal préparée à subir un changement existentiel aussi radical. Une véritable rupture d'équilibre !

Telle une secousse tellurique, ce virus sournois surprend, crée un vent de panique et occasionne des dégâts à plus d'un titre. Il génère de multiples émotions au sein desquelles s'infiltre le sentiment d'insécurité, de perte de liberté.

La panoplie négative des problèmes engendrés, tant personnels, sociaux, psychologiques qu'économiques, aurait-elle seulement un impact dramatique ou serait-elle l'occasion de porter un regard différent sur la situation ? Peut-être même sur la *vie* !

De toute évidence se pose une question cruciale : « Comment vivre cet événement incontournable, exceptionnel ? » Deux perspectives éventuelles s'offrent à nous : soit sombrer, se morfondre, capituler devant la menace, soit réagir pour refuser d'être « prisonnier d'une impasse ». Mais pour sortir vainqueur de cette tourmente, il convient d'être au clair sur nos ressentis afin d'éviter la fuite, le semblant, le repli sur soi ou le risque de décompensation.

Confronté au manque d'espace, au manque de « futur », au manque de certitudes, au manque de contacts, l'individu est contraint d'assumer un deuil. Plutôt des deuils dans lesquels vont s'entremêler diverses émotions. Emotions typiques d'un état de privation.

Vouloir affronter la réalité d'une situation anxiogène représente déjà un pas positif sur le chemin de deuil. C'est commencer par dépasser l'état de choc à l'annonce du drame mondial et admettre que le déni conduit à l'échec. Car ne pas croire à la menace, refuser les recommandations de prudence, revient à se mettre en danger. Le rejet des consignes comme la banalisation des risques peuvent parfois cacher une peur refoulée. Peur ancestrale de la mort, angoisse profonde du « non-être ». A ce malaise existentiel s'impose souvent une frustration ingérable, source de colère à la fois justifiée et amplifiée d'interprétations erronées et de *fake news*. Une colère ignorée, inhibée, donc pas prise en considération, peut ouvrir la porte au blocage émotionnel ou à une agressivité incontrôlée. Avec le risque de voler en éclat, à la recherche du coupable. A accuser qui et n'importe qui. Comme par exemple l'adhésion au lynchage médiatique dont a été malheureusement victime la *Porte Ouverte Chrétienne* (l'Eglise évangélique alsacienne qui a été un vecteur important de transmission du virus du fait d'un grand rassemblement).

Pour certains, le grand responsable est Dieu ! A leurs yeux, cette pandémie est une sentence divine. Punition d'un monde séculier, châtiment contre l'homme pécheur. Fausse conception, distorsion intellectuelle que d'imaginer un Dieu capable de susciter des catastrophes à l'échelle mondiale pour châtier l'humanité ! Rumination mentale qui aggrave l'inquiétude, amplifie l'exaspération, accentue le désarroi et contamine la pensée. Tourne alors en boucle la question : « Mais à qui se fier ? » Le deuil de la confiance brise tout espoir et bouleverse l'être tout entier.

Et pourtant ! Dieu se présente comme un Père aimant, comme un refuge, comme un protecteur. Dans le Psaume 91, le verset 4 nous présente un Dieu qui délivre de la peste et de ses ravages. Et les versets suivants nous rassurent :

> « Tu ne craindras ni les terreurs de la nuit, ni la flèche qui vole le jour, ni la peste qui marche dans les ténèbres ni l'épidémie qui frappe en plein midi. Que mille tombent à ton côté et dix mille à ta droite, tu ne seras pas atteint » (Ps 91.5-7).

Parmi les multiples assurances mentionnées dans la Bible, retenons celle qu'Esaïe nous confie :

> « N'aie pas peur car je suis avec toi. Ne jette pas des regards inquiets car je suis ton Dieu, je te rends fort, je viens à ton secours, je te soutiens de ma main droite victorieuse » (Es 41.10).

Le Dieu de la *vie* n'est pas l'auteur du mal. Il est là. Fidèle et présent.

Chercher obstinément un coupable empêche d'avancer soi-même. Comprendre ses émotions est la clé pour atténuer l'impact dommageable du manque. C'est saisir l'erreur d'appréciation. Mettre des mots précis sur ce qu'on éprouve diminue l'intensité émotionnelle et permet de se connecter davantage avec la raison profonde du malaise. Est-ce seulement l'impossibilité de faire ce que je veux, quand je veux, qui est intolérable ? Ou la seule notion de devoir faire preuve d'obéissance, sans pouvoir défendre son point de vue, est-elle ressentie comme une ingérence dans la vie privée ? Prendre conscience de ses propres besoins, analyser ses motivations les plus secrètes donnent un sens nouveau et permet de pallier un effet trop dévastateur de cette crise.

Ne plus voir, embrasser sa famille, ressemble au « deuil » de l'autre qui empêche d'être soi ! Dans son remarquable livre *Le je et le tu*, Martin Buber affirme que « toute vie véritable est une rencontre ». Etre privé de la relation conduit à l'anéantissement si... Si on s'enferme dans le désarroi. Si la personne contrainte de vivre en solo se laisse prendre dans le filet de la morosité. Et, pire, si elle tombe dans le piège de la victimisation, une des voies privilégiées de la dépression. Le fondateur de l'*analyse transactionnelle*, Eric Berne, montre combien l'absence de communication, de signes de reconnaissance, conduit la personne à se sentir abandonnée. Et, inconsciemment, à adopter un statut de victime, de « laissé-pour-compte ».

Que faire alors quand la tristesse légitime d'être privé des proches s'empare du cœur, des pensées et envahit le quotidien ? Certes, cette émotion fort douloureuse est présente. La laisser gagner du terrain est tentant, ne sollicite aucun effort, mais devient une agressivité contre soi par le biais de la destruction.

Accueillir la tristesse. Accueillir ce déferlement d'émotions déclenché par la stupeur d'une crise inattendue. Accueillir et non se résigner. Accueillir pour comprendre le ravage émotionnel intérieur et trouver une issue. Comme dans un deuil, « user son chagrin » dira Françoise Dolto, c'est se donner la possibilité de relever la tête. En admettant la réalité. Mais faut-il encore être et surtout pouvoir être dans cette dynamique ! Que rajouter à la situation immensément cruelle des personnes très âgées, seules et sevrées de la présence câline de leurs enfants et petits-enfants !

Oui, le virus est là, loin et proche à la fois. Menaçant ou pas. Oui, le confinement modifie la relation à l'espace. Manque, frustration ? Certainement, mais c'est aussi l'occasion de revoir son mode de vie, de trouver des ressources, d'utiliser sa liberté de penser, de faire preuve d'ingéniosité. De se rendre compte qu'il subsiste une liberté totale, sans aucune contrainte. Liberté de rêver, imaginer, créer, lire, étudier, dessiner, peindre, composer un poème, une chanson. A ce rythme, savourer la liberté d'exister. D'inventer mille stratégies pour tromper l'ennui, pour changer l'aujourd'hui stressant en un quotidien rendu viable. Et même intéressant !

Dans ce sens, la prière de la sérénité, écrite par Reinhold Niebuhr (même si elle est parfois attribuée faussement à Marc Aurèle) est tout à fait pertinente : « Oh mon Dieu, accorde-moi assez de sérénité pour accepter ce que je ne peux changer, assez de courage pour changer ce qui peut l'être et la sagesse d'en connaître la différence ! »

Face à cette sorte d'exil incontournable, le choix appartient à chacun : entretenir une révolte intérieure qui gronde tel un volcan ; nourrir un constant mal-être ; se soumettre aveuglément en comptant les heures qui s'égrènent lentement, péniblement ; décider « de faire contre mauvaise fortune bon cœur » ; regarder la situation avec philosophie pour voir comment s'adapter. Tant de réactions possibles qui coloreront le paysage en noir ou en couleur !

Changer le regard sur les pertes pour voir les gains. D'abord invisibles, pour lentement les apercevoir, minimes. Et, doucement, sûrement, découvrir, avec surprise et délices leur abondance ! Le bonheur de prendre du temps avec ses enfants, de jouer avec eux, de dialoguer avec son conjoint. Une aubaine que la vie à trois cent à l'heure avait gommée. Ce temps de « cloisonnement » offre une ouverture. Quel contraste ! On se croyait privé de tout et s'ouvre au contraire un éventail de possibles ! Tel un peintre heureux de choisir parmi toutes ses couleurs étalées sur sa palette pour donner vie à son tableau, la personne confinée va savourer avec plaisir toutes les nuances de ses ressources, de ses talents pour embellir le quotidien.

La liste des couleurs se révèle inépuisable et porte toutes sortes de noms : solidarité, accueil, bénévolat, générosité, activités manuelles, décoration, beauté de la rencontre, valeurs existentielles retrouvées, chaîne d'amour... Rencontre avec soi-même dans l'intimité, avec l'autre dans la relation authentique, dans ce qu'il est, communion avec l'infini qu'est Dieu, le Tout-Puissant. Et dans cette optique, bien sûr, apprécier une liberté essentielle : celle de pouvoir prier Dieu. Toujours et sans limite ! Un Dieu d'amour qui entend les plaintes, qui accompagne et prend soin. Un Dieu, tel un Père, auprès duquel on peut déposer craintes et déceptions, mais aussi puiser courage et sérénité.

Restons lucides. Accueillir ses émotions pour les gérer et sortir gagnant n'exclut pas une réalité autrement plus dramatique que l'isolement ! C'est la situation, ô combien inhumaine, hors de l'entendable, de la personne qui perd un être cher, victime du Covid-19, sans pouvoir l'accompagner ni même lui dire au revoir. Chagrin inouï, épreuve insensée, aberrante, d'un deuil étrange, frustrant, particulier. Tellement irréaliste que le deuil ne se fait pas !

Mis à part ces cas fort douloureux et devenus trop fréquents, pour lesquels nos cœurs sont remplis de compassion, il convient d'avancer. Le combat pour vaincre l'échec de l'isolement concerne chacun. Il s'adresse à toute personne motivée à gérer ses émotions pour éviter d'être esclave des circonstances. Pour déclencher un processus libérateur, non de survie mais de vraie vie ! Pour saisir toute opportunité de transformer l'adversité en challenge.

Alors, ce confinement : galère ou gain ? Echec ou réussite ? A chacun de trouver sa réponse suivant le regard porté sur une situation qui dépasse tout le monde !

En témoignage voici le chemin d'une amie :

- ✓ Oui *à cause* de cette pandémie et des deuils qui en découlent j'allais mal. J'étais comme paralysée et perdue. Le flux normal du temps était modifié, la cadence bouleversée, les projets abandonnés. Je rageais et déprimais !

- ✓ Mais, obligée progressivement de m'adapter, je parvins à réaliser que *malgré* ces manques, le quotidien s'avère sommes toutes viable même s'il n'est guère agréable d'être privée d'espace.

- ✓ Et, la réflexion stimulant un désir de modifier mon mode de vie, d'oublier la course contre la montre, je finis par découvrir l'intérêt de ce drôle de coup de frein à la frénésie habituelle ! *Grâce* à cette épreuve surprenante, je perce un mystère : celui de savourer la liberté de prendre le temps d'exister, de déceler un charme certain à ces *aujourd'hui* si particuliers ! De mesurer le privilège de vivre ! De mieux me connaître, de chercher l'harmonie avec autrui et de dialoguer avec Dieu.

En conclusion, ces trois adverbes résument le secret du chemin vers la victoire dans l'adversité : **A cause** → **Malgré** → **Grâce**

Victoire nommée Résilience !

Le cauchemar du confinement devient alors un cadeau. Don de la vie, de la rencontre vraie avec soi, de la quête respectueuse de l'autre quel qu'il soit et de l'ampleur de l'amour divin.

« Ne vous inquiétez pas »

Akrassi Kouakou[1]

Depuis quelques mois, le monde entier s'est découvert vulnérable, fragile et impuissant face à la propagation exponentielle du coronavirus. Nous sommes passés du déni pour les uns, à l'affolement pour les autres. Pour nous protéger, nos gouvernements, suivant les conseils des scientifiques, ont choisi d'appliquer la méthode « chinoise » du confinement. « Restez chez vous » est le slogan qu'on nous martèle à longueur de journée. Ainsi, depuis plusieurs semaines, chacun se voit obligé de s'enfermer chez soi. Par conséquent, il est impossible de voir les membres de sa famille, de visiter ses amis, de fêter les naissances et les anniversaires. Les cérémonies religieuses, comme les cultes hebdomadaires, les baptêmes et les mariages, sont également interdites. C'est une situation inédite, bizarre et étrange.

Mais les mesures de confinement, très difficiles à supporter, sont justifiées du fait que ce virus, en plus d'être très contagieux, est mortel. Le nombre de morts se compte par milliers dans plusieurs pays comme la Chine, l'Italie, l'Espagne, la France et les Etats-Unis. Aucun traitement médicamenteux n'ayant fait ses preuves scientifiquement, l'inquiétude grandit au sein de la population mondiale.

Il semble opportun, dans ce contexte, de rappeler le message adressé par Jésus à ses auditeurs dans Mathieu 6.25-34. Les sujets d'inquiétude de l'auditoire de Jésus sont clairement exprimés au verset 25 : la nourriture et le vêtement ; deux besoins vitaux. Il semble aussi que la réponse de Jésus soit très claire : « Ne vous inquiétez pas ». Il le répète à plusieurs reprises (Mt 6.25,27,28,31,34). Ici le mot grec utilisé, qui correspond en français à l'expression « être en souci », « s'inquiéter » vient d'une racine qui signifie « avoir l'esprit partagé ». Il désigne un état dans lequel l'esprit est troublé par rapport à l'avenir. Il s'agit donc ici

---

[1] Akrassi Kouakou, psychologue et psychothérapeute à Genève, est membre de l'Eglise adventiste de Collonges-sous-Salève (France).

d'une anxiété anticipatoire. Ce type d'anxiété est basé sur des peurs qui seraient la conséquence de l'intolérance de l'incertitude qu'il y a à ne pas être sûr et certain de ce que demain sera fait. Cela génère énormément de doute et d'insécurité.

Il semble important de préciser ici que sur le plan lexical, nous utiliserons indifféremment les mots « inquiétude », « angoisse », « anxiété » pour désigner l'état des disciples. Tout d'abord parce que ces mots sont en lien avec les thèmes de menaces et de dangers. Ensuite parce qu'ils partagent le même champ sémantique.

Pourquoi Jésus insiste-t-il autant sur l'inquiétude de son auditoire ? Pourquoi Jésus trouve-t-il nécessaire de passer son temps à aider son auditoire à surmonter cette anxiété ? Nous apporterons une double réponse. Nous soulignerons d'abord l'impact de cette inquiétude sur le fonctionnement de l'auditoire de Jésus, puis sur les causes de cette anxiété.

Avant d'examiner les aspects négatifs de l'anxiété sur les auditeurs de Jésus, il faut savoir que l'anxiété a un aspect adaptatif dans la mesure où elle a pour fonction de nous informer des dangers et des menaces dans notre environnement. Lorsque ces dangers sont réels, l'anxiété permet d'adopter des comportements et des stratégies adaptés pour y faire face. Dans ce sens nous dirons que l'anxiété, comme tous les états émotionnels, est utile à la survie.

L'impact de l'anxiété : les distorsions

Le discours de Jésus permet de déduire plusieurs distorsions cognitives qui entretiennent l'anxiété de ses disciples.

Distorsions de logique – « *La vie n'est-elle pas plus que la nourriture, et le corps plus que le vêtement ?* » *(Mt 6.25)*.

L'anxiété est un état émotionnel dans lequel la vision que l'on a peut être marquée par une perception ou une attention sélective en privilégiant certaines informations au détriment d'autres. En règle générale, dans ce type de distorsion, on néglige les informations qui contredisent nos convictions. Quand Jésus dit : « La vie n'est-elle pas plus que la nourriture, et le corps plus que le vêtement ? », cela laisse à penser que ses auditeurs renversent la logique des choses. Ils mettent l'accent sur l'accessoire et négligent l'essentiel : la vie (*psychē* – « âme ») et le corps (*sōma*). Ceux qui écoutent savent exactement la portée de cet argument de Jésus. Sans vie (*psychē*), sans corps (*sōma*), on ne parlerait ni de nourriture ni de vêtement. L'idée sous-jacente dans l'argument de Jésus, c'est que si Dieu peut donner l'essentiel (la vie et le corps), il peut aussi donner l'accessoire (la nourriture et le vêtement). Mais cela les disciples l'ignoraient.

Distorsions de la perception – « Regardez les oiseaux... » (Mt 6.26).
Jésus attire l'attention de ses auditeurs sur les oiseaux, comme si ceux-ci ne les voyaient pas du tout. Cette focalisation excessive sur les sujets d'inquiétude fait négliger des preuves aussi évidentes que l'expérience des oiseaux et des lis des champs. Jésus fait simple. Il n'utilise pas des arguments compliqués à comprendre. Il emploie abondamment des questions rhétoriques qui ont l'avantage de stimuler les facultés cognitives. Stimuler les facultés cognitives pour gérer les émotions est une stratégie très en vogue et efficace. D'ailleurs l'inquiétude pompe tellement l'énergie mentale que parfois les sujets ont des capacités cognitives fortement diminuées. Le langage est simple comme si Jésus parlait à des enfants. Et, c'est ce qu'ils sont. L'anxiété rend vulnérable. Elle suscite des préoccupations d'enfant et fait diminuer la part d'adulte en nous. A travers ses questions, Jésus fait émerger petit à petit la part d'adulte chez ses auditeurs.

Ici, au-delà des oiseaux et des lis, l'accent est mis sur l'action bienveillante de Dieu pour les disciples : « **Votre Père céleste** les nourrit » (Mt 6.26), « Ne le fera-t-il pas à bien plus forte raison **pour vous ?** » (Mt 6.30).

Distorsion sur sa propre valeur – « Ne valez-vous pas beaucoup plus qu'eux ? » (Mt 6.26).
La question du sentiment d'infériorité ressenti par les disciples est posée. Cette question rhétorique met le doigt sur une évidence : les disciples valent mieux que les oiseaux mais leur inquiétude leur fait penser le contraire. On retrouve le même phénomène dans l'histoire des espions dans le livre des Nombres (13.33). Passage dans lequel dix des espions font un rapport alarmant et finissent par déclarer :
> « Nous avons vu là les Nephilim, les Anaqites, qui sont d'entre les Nephilim : nous étions à nos propres yeux comme des criquets, et c'est ce que nous étions aussi à leurs yeux ! »

Il s'agit d'une exagération que contestent d'ailleurs Josué et Caleb. La littérature de la psychopathologie a longtemps mis en exergue le lien entre anxiété et manque d'estime de soi. Avoir une piètre opinion de soi est un facteur aggravant de l'anxiété. Les disciples croient le contraire de ce que Dieu pense d'eux. Et Jésus tient à leur dire qu'ils se trompent. Au fond, les disciples ne savent pas vraiment qui est Dieu.

Distorsions cognitives – « Ne vous inquiétez pas en disant "Qu'allons-nous manger ?" Ou bien "Qu'allons-nous boire ?" Ou bien "De quoi allons-nous nous vêtir ?" » (Mt 6.31).

L'anxiété se traduit par des discours. Une répétition de mots. Ce discours se présente sous la forme d'un dialogue intérieur, de pensées. Ici des pensées répétitives, des discours de peur qui se présentent sous forme de rumination. Des « bavardages » incessants qui « polluent » le mental. Une désorganisation de la pensée qui renforce le sentiment d'angoisse.

Distorsion du temps – « Ne vous inquiétez pas du lendemain » (Mt 6.34).

Nous l'avons déjà dit, l'anxiété anticipatoire fait vivre dans le présent une souffrance émotionnelle bien réelle pour des événements susceptibles de se produire dans l'avenir. Il s'agit d'une projection des dangers virtuels et souvent imaginaires. Une distorsion du temps qui a pour conséquence une sur-généralisation du danger. On finit par voir des dangers et des menaces tout le temps et partout. D'où parfois le fort sentiment de ne pas pouvoir y échapper.

La catastrophisation

La catastrophisation est un mécanisme sous-jacent à toutes ces distorsions et à l'anxiété. C'est une attitude d'esprit qui consiste à voir des catastrophes partout et surtout à exagérer les événements, y compris parfois des événements positifs dans lesquels on voit de gros dangers.

« Gens de peu de foi »

Ces distorsions fonctionnent comme des miroirs déformants de la réalité. On voit à travers les réponses de Jésus que se dessinent deux façons de percevoir la situation : une vision négative, celle des disciples, et une vision réaliste, optimiste, celle de Jésus. Ces distorsions éloignent donc les disciples de cette perspective rassurante de Jésus. Un fossé sépare les disciples du Maître. Jésus résume tout cela dans cette expression : « Gens de peu de foi » (Mt 6.30). C'est l'obstacle majeur. Cette expression est souvent employée par Jésus pour désigner l'incrédulité et le manque de foi des disciples.

Nous comprenons la foi comme une disposition qui structure la relation entre l'homme et Dieu. Elle comprendrait trois aspects : 1) **Une composante cognitive**, qui se rapporte à la connaissance, et surtout à la connaissance sur Dieu. Que savoir sur Dieu qui permettrait de susciter la foi et de la faire grandir ? Pour faire court : son amour, sa bienveillance, sa présence, sa proximité, ses soins. C'est ce Dieu là que Jésus est en train de dévoiler ici : un Père qui prend soin. **2) Une composante émotionnelle**, qui serait un sentiment de sécurité, de quiétude, une absence d'agitation intérieure même dans des situations complexes, et qui découle de la connaissance de Dieu. Et c'est parce qu'on aura ce sentiment de sécurité de base que l'on pourra compter sur Dieu et lui faire confiance. Ainsi, connaissant Dieu comme un Père proche, disponible, stable, sensible à ses besoins, protecteur, le croyant peut s'apaiser. Nous utilisons volontiers et par commodité le mot « confiance » pour désigner cette composante émotionnelle. **3) Une composante comportementale** qui a trait à l'action, à la manière de se conduire, au style de vie, résultat des deux composantes qui précèdent.

Dans ce texte, Jésus raisonne avec ses disciples pour les aider à dépasser leurs distorsions. Il s'appuie sur des arguments de bon sens, faciles à comprendre. Il contourne ainsi habilement les éventuelles résistances. L'inquiétude est inefficace car elle ne peut augmenter la durée de la vie. C'est Dieu qui donne à manger aux oiseaux et qui habille les plantes. Il a une opinion positive de l'homme. Jésus donne une vision de Dieu que les disciples ne semblent pas connaître. Et ce Dieu est le Père des disciples qui sait exactement de quoi ses enfants ont besoin. C'est à travers ce portrait de Dieu que Jésus cherche à éteindre l'anxiété des disciples.

Déclencheur de l'anxiété des auditeurs : rompre avec Mammon

La deuxième raison qui pousse Jésus à faire ce discours est le facteur déclencheur de cette anxiété. Jésus commence son discours au verset 25 par : « C'est pourquoi ». Dans le texte original, il s'agit d'un démonstratif qui renvoie à ce que Jésus a dit précédemment.

Dans le chapitre 6 de Matthieu, Jésus poursuit la réforme religieuse. Après avoir parlé de l'aumône, de la prière et du jeûne, Jésus aborde la question de l'argent. Il fait d'abord comprendre qu'il est nécessaire d'utiliser l'argent pour le Royaume de Dieu. Puis il finit par déclarer au verset 24 :

> « Personne ne peut être esclave de deux maîtres ; en effet, ou bien on détestera l'un et on aimera l'autre, ou bien on s'attachera à l'un et on méprisera l'autre. Vous ne pouvez être esclaves de Dieu et de Mammon ».

Jésus propose de rompre avec Mammon, le dieu de l'argent et de la fortune. Voilà le facteur déclencheur des angoisses. Et l'on comprend ici que l'argent sert de mécanisme de défense contre l'angoisse du manque et de la pauvreté. Rompre avec Mammon, le dieu de la fortune, c'est la ruine symbolisée ici par la peur de ne pas avoir à manger et celle de ne pas avoir de vêtement. En d'autres termes, rompre avec Mammon et choisir Dieu, est-ce un choix gagnant ? Dieu sera-t-il au rendez-vous ? Va-t-il subvenir aux besoins vitaux comme Mammon peut le faire ? Dans la psychologie du polythéisme, chaque dieu a ses prérogatives. Il contrôle un aspect des besoins humains. Ainsi, il y a un dieu de la pluie, un dieu de la moisson et des récoltes, un dieu de la terre... Et plus on a de dieux, mieux c'est, car on garantit ainsi la satisfaction de ses besoins de base. En cas de rupture avec un dieu, par exemple le dieu des moissons, on s'expose à la famine. Nous avons l'impression que c'est le même phénomène qui se joue ici. Les disciples n'arrivent pas à penser que Dieu prendra soin d'eux s'ils rompent avec Mammon pour le choisir. C'est pourquoi Jésus va clarifier les choses en insistant sur le rôle de Dieu qui est présenté comme étant « votre Père ». Le mot « père » renvoie au père qui est responsable et qui pourvoit aux besoins de sa famille, sur le plan affectif, matériel, émotionnel, relationnel... C'est une idée clé pour construire la confiance fondamentale. Dieu est bienveillant avec nous. Il nous aime et nous veut du bien. Dieu n'est pas un parent critique punitif, ni un Dieu qui abandonne. C'est un bon Père qui sait de quoi ses enfants ont besoin et qui répond à leurs besoins.

Le message de Jésus est donc simple : c'est Dieu qui s'occupe de vous. Jésus gère ainsi l'anxiété en convoquant l'image du Père positif qui prend soin.

Dans le contexte du covid-19, puissions-nous nous rappeler que nous avons un Père qui est là, avec nous.

Quelques conseils pour gérer l'anxiété

Respiration, cohérence cardiaque, calme intérieur.

Les émotions ont une composante physiologique qui nécessite d'être régulée. La respiration est un puissant instrument à cet effet. Voici un exercice simple de respiration qui a fait ses preuves : a) Prendre une respiration abdominale (on gonfle le ventre à l'inspiration) pendant 3 secondes. b) Bloquer la respiration pendant 3 secondes. c) Expirer pendant 6 secondes. Puis recommencer. Faire l'exercice durant 5 minutes. A pratiquer régulièrement.

Le lieu calme : porter son attention là où le problème n'existe pas.

Exercice pour se défocaliser d'événements ou de situations pénibles. Pour cela : a) Choisissez un lieu calme. b) Fermez les yeux. c) Laissez venir l'image d'un lieu calme et sûr. d) Restez avec cette image. e) Explorez ce souvenir avec tous vos sens. Exemple de lieux sûrs : lieu de vacances, la montagne, chez soi, au bord de l'eau...

Journal des événements positifs.

Prendre l'habitude de noter, le soir, deux à trois événements positifs de la journée. En faire une habitude.

Exercice de modification du sens des événements (objectif : voir les événements sous un angle différent).

Les émotions négatives et inadaptées proviennent souvent du sens erroné qu'on attribue aux événements. Lorsqu'un événement vous cause des émotions négatives, il est parfois utile de changer sa manière de le voir. Ce changement de perspectives peut se faire avec la méthode du « meilleur ami ». a) Vous connaissez la situation ou l'émotion qui vous pose problème. b) Posez-vous la question : « Si mon meilleur ami avait ce même problème, qu'est-ce que je lui dirais pour lui remonter le moral ? » c) Se dire alors ce que vous diriez à votre meilleur ami. Une variante : Qu'est-ce que me dirait mon meilleur ami[2] si j'avais ce problème ?

---

[2] Ce dernier exercice part de l'idée, maintes fois prouvée, que l'on est toujours bienveillant et compatissant avec son meilleur ami, et réciproquement.

De l'opportunité d'une emphase sur l'intégration des soins spirituels aux malades

Jacques Yves Nganing Mbende[1]

Depuis fin 2019, dans la région de Wuhan en Chine centrale une nouvelle maladie a émergé : le Covid-19, provoqué par le coronavirus SARS-CoV-2. En observateur des enjeux globaux, nous constatons que ce Covid-19 est devenu une pandémie. D'une certaine manière, ce petit virus a mis le monde entier à genoux. Tout semble arrêté et le mot « confinement » est à la mode dans moult pays. Les grandes puissances semblent impuissantes, comme le symbolise la photo du Premier Ministre italien qui circule sur la toile où il est en larmes et en appelle à Dieu seul. Une partie de l'opinion publique n'hésite pas à dire que même la religion semble impuissante ; puisque par exemple les églises et les mosquées sont fermées et plusieurs événements ecclésiaux sont annulés ou reportés. On se demande si les prières unies ne sauraient venir à bout de ce virus. Pour d'autres personnes, nous sommes dans un contexte de guerre ; les intérêts économiques se jouent dans une dimension méta-mathématique. Au milieu de toutes ces préoccupations qui méritent de sérieuses réflexions, nous choisissons de nous intéresser aux personnes malades du Covid-19. Le passage de Job 6.14 peut servir d'arrière-plan pour évoquer l'opportunité des soins spirituels aux malades : « Celui qui souffre a droit à la compassion de son ami même quand il abandonnerait la crainte du Tout-Puissant ».

Il importe d'avoir une très grande reconnaissance et une immense appréciation à l'endroit de tout le personnel de santé en général et surtout les infirmières, infirmiers, sages-femmes, et maïeuticiens. Mais, plus que jamais, c'est aussi l'opportunité d'attirer l'attention du personnel soignant sur le fait que la santé ne se limite pas à la dimension biomédicale. Il y a l'aspect spirituel lié à diverses croyances (religieuses, culturelles...) qui affectent considérablement le bien-être

---

[1] Jacques Yves Nganing Mbende, docteur en *ministry*, est professeur de théologie pratique et aumônier de l'Université adventiste Cosendai de Nanga-Eboko (Cameroun).

des personnes malades. En effet, les soins spirituels sont ceux qui se rapportent à la vie spirituelle. Il est entendu que la vie spirituelle désigne ce qui dans l'être humain relève de l'esprit, de l'intelligence et de la volonté, mais aussi du cœur. Sur cette base, les soins spirituels renvoient donc à un ensemble d'attentions, de moyens par lesquels on s'efforce de rendre la santé à un malade. Et ce, par le truchement de ce qui peut captiver son esprit, marquer son intelligence, appeler sa volonté et surtout toucher son cœur. Ces soins spirituels ont aussi un caractère intentionnel qu'il importe de relever. La raison est que le mieux-être dans la dimension spirituelle peut être un catalyseur, un déclencheur du mieux-être dans la dimension physique : ce qui pourra être contagieux pour les autres dimensions de l'être humain.

L'influence quasi inéluctable de la conception juive de la maladie

Avant de relever cette conception juive, il importe de déterminer les dimensions de la personne humaine telles que vues par certains auteurs.

Dans la conception de Florence Nightingale[2], la personne est un être, malade ou en bonne santé, possédant des composantes physiques, intellectuelles, émotionnelles, sociales et spirituelles. Dans la théorie d'Hildegard Peplau[3], la personne représente un système vivant composé de caractéristiques et de besoins biochimiques, physiques et surtout psychologiques, qui cherche à se réaliser et lutte pour atteindre un équilibre. Pour Dorothéa Orem[4], la personne est un être fonctionnant biologiquement, symboliquement et socialement et qui présente des exigences en matière d'auto-soins, universels, liés au développement et/ou reliés à l'altération de la santé. Virginia Henderson[5] quant à elle considère la personne comme un être biologique, psychologique et social qui tend vers l'indépendance dans la satisfaction de ses besoins fondamentaux.

De toutes ces conceptions il ressort que la personne a cinq dimensions, à savoir : biologique, psychologique, sociale, culturelle et spirituelle. Le point d'emphase de cet article étant du ressort spirituel, nous pouvons observer que plusieurs personnes sont influencées par la conception juive de la maladie et de la santé. En effet, dans l'esprit de la Torah, la maladie est considérée comme une preuve de la colère de Dieu. Ici, l'idée est que Dieu, Créateur de l'homme (selon la Bible), fait de l'homme le temple du Saint-Esprit. Paul déclare :

---

[2] Virginia Henderson, *La nature des soins infirmiers*, Paris, Masson, 1994, p. 132.
[3] Rosette Poletti, *Les soins infirmiers : théories et concepts*, Paris, Le Centurion, 1978, p. 68.
[4] *Ibid.*, p. 71.
[5] Virginia Henderson, *op. cit.*, p. 134.

« Ne savez-vous pas que vous êtes le sanctuaire de Dieu, et que l'Esprit de Dieu habite en vous ? Si quelqu'un détruit le sanctuaire de Dieu, Dieu le détruira ; car le sanctuaire de Dieu est saint – c'est là ce que, vous, vous êtes » (1Co 3.16-17). On comprend donc que l'ensemble des principes de vie sur les plans moral, éthique et physique sont les socles de l'édifice divin en l'être humain. La maladie, en tant que dysfonction de l'édifice corporel s'explique par le membre de phrase « *Dieu le détruira* » contenu dans l'assertion paulinienne. Et là, c'est parce que l'être humain n'aura pas bien entretenu cet édifice (son corps). D'ailleurs, avant Paul, l'Ancien Testament affirmait déjà cette même conception en deux endroits (Dt 28.21-27 ; Jb 5.18).

Tout ce qui précède pose la nécessité pour le personnel de santé de s'investir dans la prise en charge de la dimension spirituelle des malades car plusieurs parmi eux, sinon la totalité, sont influencés par la conception hébraïque de la maladie. De là, on peut donc présenter les points de vue de certains théoriciens en matière de soins spirituels.

Quelques théoriciens des soins spirituels

Dans leur livre blanc touchant le service de pastorale professionnelle, un certain nombre d'associations en Amérique du Nord évoquent des auteurs émettant des pensées qui révèlent d'importantes vérités pour davantage cerner les soins spirituels.

De Kenneth Pargament[6], nous retenons que les gens tendent vers la spiritualité dans le but de maintenir leur santé, pour faire face à la maladie, aux traumatismes, aux pertes et aux passages de la vie d'une manière qui intègre le corps, l'intelligence et l'esprit. Par conséquent, lorsqu'elles vivent des périodes de crise, les personnes font souvent appel à la spiritualité comme moyen de les affronter. Ces gens peuvent donc prier, lire des textes sacrés et observer des rituels.

Quant à James Gibbons et Sherry Miller[7], ils avancent que les établissements qui négligent la dimension spirituelle dans leur énoncé de mission ou dans la prestation de soins quotidiens risquent de devenir des garages biologiques où les parties dysfonctionnelles d'êtres humains sont réparées ou remplacées.

---

[6] Kenneth Pargament, The Psychology of Religion and Coping. Theory, Research, Practice, New York, Guilford, 1997.
[7] James Gibbons, Sherry Miller, « An Image of Contemporary Hospital Chaplaincy », Journal of Pastoral Care 43 (1989/4), p. 355.

Il est aussi possible de faire allusion aux recherches scientifiques d'Herbert Benson[8] qui lui-même s'était étonné de voir que ses travaux démontraient de manière concluante que nos corps sont programmés pour croire, qu'ils sont nourris et guéris par la prière et par d'autres manifestations de foi.

Tous ces auteurs s'accordent à dire que les soins prodigués au corps ne peuvent être efficaces si l'esprit, le cœur et l'âme sont oubliés. C'est pour cela qu'on est en droit d'encourager le personnel de santé à s'investir dans des activités de prise en charge spirituelle des malades.

Quelques activités de prise en charge spirituelle des malades par le personnel de santé

Soulignant la place du soin spirituel, le Professeur Claude Rougeron affirme : « Tout est important : la manière de placer, d'arranger un coussin, un oreiller, la douceur dans le massage des endroits douloureux, la fréquence à humecter les lèvres pour lutter contre la sécheresse de la bouche... Tout cela manifeste cette attention et cette subtile finesse du geste de la personne soignante, profondément animée par le désir d'aider, de prendre soin de l'autre[9] ». On pourrait dès lors entrevoir trois perspectives dans les activités de prise en charge spirituelle des malades par le personnel de santé : les paroles, les gestes et les actions.

Les paroles

> « Que votre parole soit toujours accompagnée de grâce, assaisonnée de sel, pour que vous sachiez comment vous devez répondre à chacun » (Col 4.6).

Ce mot de l'apôtre Paul vaut encore tout son pesant d'or si appliqué dans les centres de santé. En effet, Jésus utilisait la parole la plupart du temps pour guérir (par ex. Mt 8.7-13) ; ainsi, le personnel soignant doit utiliser des paroles douces, de réconfort, d'espoir, de tendresse, de gentillesse ; bref celles qui pourront catalyser la bonne humeur, étant empreintes de compassion. Parlant de compassion, on se souvient que Jésus manifestait beaucoup de tendresse envers les malades (Mt 9.36) ; ainsi le soignant doit avoir compassion des patients (cf. Mi 7.19, Ep 4.32) ; une compassion désintéressée, constante, volontaire, impartiale et gratuite (ne pas monnayer les soins).

---

[8] Benson, Herbert, *Timeless Healing*, New York, Scribner, 1999, p. 305.
[9] Claude Rougeron, « La dimension spirituelle dans le soin, besoins et chemins d'expression du patient, missions des accompagnants », disponible sur www.buddhaline.net/spip.php?article891 (consulté le 8 avril 2020).

Les gestes

> « Le Seigneur le garde et le fait vivre ; il est déclaré heureux sur la terre ; tu ne le livreras pas au désir de ses ennemis. Le Seigneur le soutient sur son lit de douleur ; tu changes son lit pendant sa maladie. Moi, je dis : Seigneur, fais-moi grâce ! Guéris-moi : j'ai péché contre toi » (Ps 41.2-4).

Entre autres éléments qui sont utilisables par le soignant ayant de l'intérêt pour les malades et qui pourraient constituer pour le malade un soutien et un soulagement sur son lit de douleur, il y a : le toucher thérapeutique, le regard attentionné et compatissant, le sourire, l'écoute ; et même déjà la présence (tant il est vrai qu'il est des soignants qui désertent ou choisissent les malades V.I.P. à qui apporter les soins).

Les actions

> « Que votre lumière brille ainsi devant les gens, afin qu'ils voient vos belles œuvres et glorifient votre Père qui est dans les cieux » (Mt 5.16).

Par le moyen du service, le personnel de santé a la possibilité de briller dans la vie obscure du patient du fait de son état de maladie. Avec le concours du soignant, lorsqu'applicable, la musicothérapie sera d'un apport inéluctable dans la chambre du malade. Cela est d'autant plus pertinent que les passages suivants ont une sagesse à ce propos : Ps 92.2-5, Ep 5.19, Col 3.16. En dehors du service et de la musicothérapie, le jeûne et la prière (Mt 17.21) et la générosité (Pr 3.27, 19.17 ; Mt 25.40) sont des actions complémentaires, concomitantes à l'accompagnement spirituel.

Impact attendu à l'intégration des soins spirituels dans la prise en charge des malades

En administrant les soins spirituels, le personnel de santé contribue à éclairer l'opinion publique sur le sens réel de l'être humain.

La pensée hébraïque ne conçoit pas l'être humain comme étant un objet purement physique ; elle ne voit même pas la santé comme devant être caractérisée premièrement en tant que condition physique. Le mot hébreu *basar* se rapporte à la matière de laquelle le corps est fabriqué : c'est la substance physique du corps humain et qui est généralement traduite par le mot « chair ». Mais, notons que ce mot *basar* ne se réfère pas seulement à la dimension charnelle du corps mais souvent à l'entièreté de l'être et donc à l'ensemble de ses composantes, c'est-à-dire à toutes les *dimensions* de l'être humain.

En administrant les soins spirituels, le personnel de santé contribue à ramener l'opinion publique à comprendre la conception biblique de la santé.

A dire vrai, la Bible conçoit la santé comme une intégration totale. De ce point de vue, la santé va au-delà du physique et touche tous les aspects de la vie. Elle est donc le fonctionnement harmonieux de la personne sur le quadruple plan : physique, émotionnel, spirituel et social.

Bibliquement parlant, l'aspect physique de ce fonctionnement ne requiert pas qu'on soit libre de toute maladie puisqu'il y a même le poids de l'âge qui peut logiquement affaiblir la vigueur.

Dès lors, on comprend que l'OMS fait bien de définir le mot *santé* en précisant que c'est le bien-être physique, mental et social ; et non pas simplement l'absence de maladie ou d'infirmité.

En administrant les soins spirituels, le personnel de santé contribue à dégager les implications réelles de la paix qui est une denrée rare dans les relations internationales.

La vie concerne la personne entière, indivisible (pas de dichotomie du genre corps-esprit). C'est ce qui est caractérisé par le mot hébreu *shalom*. Quoique l'opinion publique ait confiné le mot *shalom* à la notion de « paix », son utilisation biblique est beaucoup plus large et riche. Ce mot *shalom* pose le fondement de ce qu'est le bien-être de la personne entière. Le mot *shalom* et ses dérivés reviennent plus de 350 fois dans la Bible et il n'y a qu'à 38 reprises qu'il signifie « paix » dans le sens de « l'absence de guerre ». Les gouvernements gagneront donc à s'investir davantage dans l'ensemble des domaines qui peuvent faciliter le mieux-être des citoyens en tant que personnes entières plutôt que simplement à calmer les tensions sociales (ethniques, tribales) et des bruits de guerre.

En administrant les soins spirituels, la profession d'infirmière reviendra à la vision sacerdotale du soin.

Les origines religieuses et militaires des soins infirmiers modernes restent encore flagrantes dans beaucoup de pays. Par exemple, en Grande-Bretagne, les infirmières confirmées sont appelées *sisters*, « sœurs ». Mais, est-ce que jamais l'opinion publique s'est demandé pourquoi cela ? En réalité, et contrairement à l'usage moderne qui confine largement la guérison au sens physique, le sens holistique qui transparait tant dans l'Ancien que dans le Nouveau Testament requiert que toutes les dimensions de l'être humain doivent expérimenter la guérison, pas seulement le corps. Le mot hébreu *rapha* qui signifie « guérir » ou « réparer » implique dans un sens plus large « le soulagement des tensions internes » ou encore la réconciliation, la restauration. De là, le prénom Raphaël qui signifie « Dieu a guéri » ou encore « médecin de Dieu ». L'idée est qu'à côté de l'infirmière qui apporte les soins, il y a un ange (Raphaël) qui guérit. Donc, l'infirmière soigne (administre les soins), mais Dieu guérit. Moïse exprimait déjà cette réalité en rapportant une déclaration de Dieu : « Je suis l'Eternel qui te guérit » (Ex 15.26).

Et à dire vrai, le mot grec *sōzō* contient à la fois l'idée de guérison et de salut. C'est dire que « guérison » et « salut » ou encore « santé » et « salut » peuvent être perçus comme « pile » et « face » de la même pièce de monnaie. Sur la base de cette vision sacerdotale des soins, on est en droit de considérer que le personnel de santé exerce un métier noble, puisqu'à son optimum il est hissé au rang de collègue et collaborateur de celui qui a créé les êtres humains et auprès desquels il apporte des soins.

Conclusion

D'un point de vue de la conception biblique de la santé, et malgré le drame qu'il représente, on est en droit de considérer le Covid-19 comme une opportunité de revenir à la vision sacerdotale des soins dans nos centres de santé. Alors que des interprétations fusent de tous bords (économique, politique, eschatologique…) au sujet de cette pandémie, nous avons choisi de regarder l'intérêt salvateur des personnes malades en nous demandant comment est-ce que le personnel de santé pourrait améliorer la prise en charge des patients en incluant la composante des soins spirituels.

On se rend compte que l'être humain est pluridimensionnel ; dès lors, la dimension spirituelle mérite d'être adressée par des paroles, des gestes et des actions à propos. La santé même se veut un concept holistique. Cet article fonde tous ces éléments sur d'importantes lumières épistémologiques qui pourraient même contenir des implications ecclésiales et missiologiques.

Du confinement actuel au ministère pastoral de demain

Gabriel Golea[1]

Nous vivons une période spéciale, les temps sont critiques... Mais la confiance et l'espérance restent les mêmes. J'aime croire que Dieu est (et restera !) toujours aux commandes de l'univers ainsi que de notre histoire personnelle !

Avec une pensée d'encouragement pour chacun d'entre vous (membres d'Eglise, pasteurs, anciens d'Eglise, responsables de départements et administrateurs d'Eglise), je vous fais part ici de quelques réflexions suscitées par l'actualité et éclairées par l'étude de la Parole de Dieu.

Une fois la crise sanitaire terminée (car nous souhaitons la fin de cette crise), les évolutions, que nous aurons connues entre temps, seront sûrement des changements profonds : sur un plan relationnel, sociétal, ecclésial.

Je retiendrai comme angle d'approche, dans les lignes qui suivent, celui du ministère pastoral qui est mis à l'épreuve et qui devra sûrement être revisité. Le pasteur que je suis placera volontairement ce défi au cœur de la réflexion.

Effectivement, nous vivons actuellement une vraie « révolution » dont les paramètres auront un impact sur nos vies, sur notre adoration et, très probablement, sur les rapports avec l'autorité, avec les institutions, avec l'Eglise finalement. Avec Dieu également ? Paradoxalement, malgré le confinement, nos journées sont actuellement chargées et notre travail se réorganise autrement. Mais qu'en sera-t-il de la suite ?

---

[1] Gabriel Golea, docteur en théologie, est Secrétaire général de l'Union franco-belge des Eglises adventistes et régulièrement professeur invité notamment à la Faculté adventiste de Cernica (Roumanie).

Un temps tout de même béni, marqué de profit et d'épanouissement spirituels

Malgré les difficultés que l'on rencontre, cette période nous permet un réel retour aux valeurs fondamentales : se retrouver, être en famille, réfléchir, exercer sa foi autrement, mettre de l'ordre dans ses dossiers, dans ses affaires. Rebondir sur de nouveaux projets, les noter au fur et à mesure... Des temps prometteurs s'ouvrent devant nous. C'est le propre de la foi !

Enfermés, c'est vrai, mais toujours libres

C'est inscrit dans l'« ADN » de l'Eglise de vouloir aider, d'aller vers l'autre, de se porter volontaire. Or, le confinement impose une attitude contraire : se priver de tout contact physique, ne pas sortir, se replier sur soi, s'éloigner des autres. Comment concilier cette nouvelle réalité avec tout ce que l'homme de Dieu est appelé à faire ? D'où le défi majeur qui se présente à nous : imaginer d'autres formes d'intervention afin que la mission soit, malgré tout, réalisée. L'objectif reste donc le même, les modalités changent. L'impératif du confinement fait bon ménage avec l'innovation, la réflexion éclairée par la prière, la remise en question personnelle et le désir d'être toujours au service. Garder la joie et l'enthousiasme tout en se remettant continuellement en question. La Bible mentionne des cas où les enfants de Dieu ont témoigné de leur foi même en étant dans une prison. Aujourd'hui, contraints au confinement, nous sommes dans nos « prisons dorées » d'où partent des messages d'amour, de soutien, des pensées généreuses qui touchent les autres : coups de fil, réseaux sociaux, vidéoconférences... tout un univers technologique qui s'ouvre à nous et que nous exploitons au maximum.

Un monde de contrastes

Les crises mettent en évidence les contrastes les plus surprenants. Tantôt des gestes extraordinaires de solidarité et d'appréciation (tous les jours, par exemple, à 20h00 les gens se mettent aux fenêtres ou sortent sur les balcons et applaudissent le corps médical ; un monsieur âgé enlève son masque d'oxygène et le propose à un plus jeune à ses côtés) ; tantôt le plus odieux, le plus laid chez l'homme ressort rapidement (pour avoir des masques, des clients agressent un pharmacien ; des vols de masques, de solutions hydro-alcooliques sont commis ; certaines personnes réclament, à travers des messages, le déménagement de leurs voisins professionnels de santé dans des hôpitaux, prétextant que ces derniers risquent de leur transmettre le virus...). Encore un exemple de contraste, les messages reçus de notre entourage ou perçus par celui-ci : pour certains, l'épidémie n'est qu'une simple grippe saisonnière, pour d'autres, il s'agit d'un virus extrêmement dangereux.

Angoisse et décisions durables

La mort ? Quelqu'un disait : c'est l'angoisse la plus fondamentale de l'homme. C'est vrai, la peur est un moteur redoutable qui permet de prendre de grandes décisions. Malheureusement, ces décisions ne sont pas toujours durables. Car c'est la vie qui pousse à la vie. L'épidémie arrivera à son terme (nous l'espérons), qu'en restera-t-il ?

> « Jésus-Christ est le seul qui puisse juger de l'aptitude des agents humains à recevoir la vie éternelle. Les portes de la cité sainte s'ouvriront à ceux qui auront été ses disciples humbles, doux et miséricordieux, à ceux qui se seront laissé instruire par lui et qui auront reçu de lui leur assurance pour la vie éternelle, ayant façonné leur caractère selon le divin modèle[2]. »

Les communications, la communication

Au cœur du changement que nous vivons actuellement, et auquel nos membres d'Eglise ont maintenant souvent recours, se trouvent les communications. Aujourd'hui tout le monde est connecté. Nous découvrons de nouveaux outils pour communiquer, des sites internet (prédications, émissions, réseaux sociaux...). On pourrait aller jusqu'à parler de « frénésie numérique[3] ».

Mais le grand risque que nous courons est de tomber dans une forme d'activisme (à la manière des activistes d'autrefois d'un parti politique). Attention au piège : les outils de communication (aussi sophistiqués soient-ils) ne pourront pas remplacer... la communication !

Plus que d'être des relayeurs d'information (d'ailleurs, souvent, dans nos conversations, nous ne faisons que reprendre ce que tout le monde sait déjà et que nous savons grâce aux médias : le nombre de victimes du coronavirus, les mesures prises par les gouvernements, l'évolution de l'épidémie...), il est plus que nécessaire de ne pas manquer d'intérêt pour l'autre : être attentifs à ses besoins, ses angoisses, ses préoccupations, ses soucis et son espérance.

Le partage, l'empathie, devront toujours rester notre préoccupation majeure. La personne donc, bien plus que l'information. La technologie ne devrait pas guider notre vie ; elle n'en est qu'un outil au service de l'autre.

---

[2] Ellen White, *Manuscrit* 3, 1906.
[3] Expression utilisée récemment par Rémy Ballais, *Il est écrit*, Canada.

Un Dieu puissant au milieu de nos réalités contrastées

Nous avons besoin de comprendre que la puissance absolue de Dieu est une puissance volontairement retenue et temporairement mise en retrait. Les évangiles relatent que Jésus a nourri la foule, s'est occupé de milliers de personnes. Mais, même après son départ, la famine n'a cessé de sévir et les crises d'exister. C'était aussi le cas pour les actes de guérison, la maîtrise des éléments naturels (les tempêtes...). La confiance ferme dans la puissance de Dieu relève d'une persévérance constante indépendamment des « pauses » que l'intervention divine pourrait laisser pressentir. « Quand les montagnes s'éloigneraient, Quand les collines chancelleraient, mon amour ne s'éloignera point de toi, et mon alliance de paix ne chancellera point, dit l'Eternel, qui a compassion de toi » (Es 54.10).

La place actuelle de la foi

Avoir la foi, la foi véritable, n'est pas faire preuve de mysticisme. Des déclarations telles que : « Moi, je n'ai pas peur, j'ai la foi ! Le Seigneur me protège... » ou « N'ayons pas peur, soyons courageux », devront être revues sérieusement. Pratiquer les gestes barrières en temps de crise sanitaire serait-il la preuve d'un manque de foi ? Si oui, que faire des situations bibliques où le Seigneur « permet » l'épreuve, la souffrance, la séparation ? Pensons, par exemple, à Jean-Baptiste et aux pensées qu'il a pu développer lorsque, dans sa prison, il ne voyait aucun signe de délivrance. Quid des prophètes ? De tous les martyrs de l'histoire ? Des persécutés qui, au nom du Christ, ont subi des injustices mais qui ont continué leur cheminement avec Dieu envers et malgré tout.

> « Tous ceux-là, à la foi desquels il a été rendu témoignage, n'ont pas obtenu ce qui leur était promis, Dieu ayant en vue quelque chose de meilleur pour nous, afin qu'ils ne parvinssent pas sans nous à la perfection » (Hé 11.39-40).

Un bref témoignage personnel : des membres de ma famille ont été persécutés ou même fait de la prison à cause de leur foi. Ceci, il y a bien des années, sous un régime politique de dictature. A l'époque, rien que d'avoir la foi était un délit. Mais, dans le propos et le vécu de tous ceux qui ont connu cette persécution, je n'ai jamais constaté de doute quant à la présence de Dieu dans leur vie ! Ils ne se sont jamais plaints. Au contraire. Dieu était là, présent dans leur vie, au milieu de l'épreuve.

Compréhension des Ecritures et prédication

Dans l'effervescence imposée par l'actualité, un constat déplorable serait celui de l'extinction de la « flamme », de la perte de la passion pour l'interprétation des prophéties bibliques. Ce serait se passer d'une grande richesse car on est bien loin des temps de l'histoire d'Israël : « La parole de l'Eternel était rare en ce temps-là, les visions n'étaient pas fréquentes » (1S 3.1), une importante documentation biblique étant aujourd'hui à notre disposition. A l'opposé, il serait question de s'épuiser dans la course pour diverses identifications des faits politiques avec des descriptions prophétiques, des compositions personnelles les unes plus farfelues que les autres : théories du complot, connexions sorties tout droit de notre propre vision du monde. Voir ce que nous voulons voir, pas nécessairement ce qui est vrai, objectif, la réalité de Dieu finalement.

Ainsi le monde imaginaire de certains est habité par de nombreuses bêtes qui génèrent une grande peur, plutôt que d'être dominé par la présence rassurante de l'Agneau ! (Ap 5). « Voici, c'est la fin » diront souvent les défenseurs de cette approche, pour constater qu'il ne s'agit que d'un événement temporaire, vite rattrapé par un autre éventuellement plus sensationnel encore. Jusqu'où ? Mon analyse est que pour être crédible, une bonne herméneutique des textes sera toujours nécessaire. On aura toujours besoin de nos écoles de théologie où les étudiants continueront à apprendre la rigueur d'interprétation biblique nécessaire à l'étude de la Parole de Dieu.

Nous sommes invités à un retour permanent aux Ecritures, aux vraies valeurs durables. Aimer Jésus plus que tout, le laisser agir dans nos vies et lui faire confiance – voici le défi actuel qui nous aide à nous projeter dans le ministère de demain.

C'est vrai que nous vivons une période spéciale, que les temps sont critiques... Mais nous sommes appelés à être, pour reprendre ici la devise de la mandature de l'Union Franco-Belge pour 2018-2023, « Ensemble, porteurs d'espérance ».

> « Bien plus, nous nous glorifions même des afflictions, sachant que l'affliction produit la persévérance, la persévérance la victoire dans l'épreuve, et cette victoire l'espérance. Or, l'espérance ne trompe point, parce que l'amour de Dieu est répandu dans nos cœurs par le Saint Esprit qui nous a été donné » (Rm 5.3-5).

Dieu et le coronavirus

Gilbert Grezet[1]

En pleine période de confinement de la population à cause du tristement célèbre coronavirus, un de mes paroissiens me citait, au téléphone, ces deux versets de 2 Chroniques 7.13-14 :
> « Quand je fermerai le ciel et qu'il n'y aura pas de pluie, quand j'ordonnerai aux criquets de dévorer le pays, quand j'enverrai la peste contre mon peuple, si mon peuple, sur qui est invoqué mon nom, s'humilie, prie et me recherche, s'il revient de ses voies mauvaises, moi, je l'entendrai depuis le ciel, je pardonnerai son péché et je guérirai son pays. »

Après le partage de la lecture, ce chrétien engagé laissa planer quelques secondes de silence et ajouta : « Ce verset m'interpelle »... Certes, « moi aussi ! » fus-je tenté de répondre de manière tout aussi sibylline...

Au téléphone, la conversation dévia vers d'autres sujets plus pragmatiques concernant notre vie d'Eglise. Ouf ! J'échappai à la pression d'une délicate interprétation subtilement espérée. Du moins sur le moment. Car le ver était dans la pomme : comment lire ce passage biblique aujourd'hui ?

Une lecture vétérotestamentaire et théocratique

Lorsque Dieu a appelé son peuple hors de l'Egypte et qu'il a fondé avec lui l'alliance, cette dernière était basée sur un contrat que l'on peut résumer de la sorte : l'obéissance du peuple lui garantissait la bénédiction divine alors que sa désobéissance lui attirait des malédictions[2].

---

[1] Gilbert Grezet est pasteur dans la Fédération des Eglises adventistes de la Suisse romande et du Tessin. Il est chargé d'enseignement à la Faculté adventiste de théologie de Collonges-sous-Salève (France) sur les sujets liés à la famille.
[2] Voir Deutéronome 28.

Dans la mesure où Dieu veillait en direct sur les événements traversés par son peuple et qu'il intervenait directement sur les conséquences de ses actions, les bénédictions et les malédictions prenaient alors tout leur sens.

Parfois, certaines conséquences n'étaient que naturelles, mais cela n'empêchait pas de les attribuer à Dieu ; ainsi une galle apparue par un simple manque d'hygiène devenait une punition divine.

Les amis de Job avaient parfaitement intégré cette théologie de la rétribution divine et ne pouvaient pas voir les épreuves de leur ami comme autre chose qu'une punition divine. Il fallait donc que leur ami, blessé par Dieu, avoue ses méfaits avant de pouvoir espérer un retour de la bénédiction[3]. Aujourd'hui, tout lecteur du livre de Job a bien compris que le problème était ailleurs.

Le mal tombe parfois du ciel... Mais pas forcément de la part de Dieu[4] !

Une lecture néotestamentaire des problèmes graves

Essayer de comprendre les raisons de nos malheurs a fasciné la pensée des humains dans d'innombrables populations[5] et à toutes les époques. Les contemporains de Jésus-Christ n'ont pas échappé à cette tendance et comme ils pensaient avoir en face d'eux celui qui pourrait leur révéler l'explication de nos problèmes vitaux, ils ont profité de sa présence sur terre pour lui demander une bonne fois pour toutes l'explication tant attendue sur les comment et les pourquoi liés au mal.

Premier exemple : Jésus, explique-nous comment il est possible que Pilate ait mêlé le sang de Galiléens au sang des sacrifices qu'ils offraient à Dieu[6] ? Deuxième exemple : Jésus, cet homme est né aveugle ; c'est la faute de qui ? de lui ou de ses parents[7] ? Troisième exemple : Maître, tu as semé des bonnes graines dans ton champ, d'où cela vient-il qu'il y ait donc cette mauvaise herbe[8] ?

Dans ces trois exemples représentatifs de nos interrogations profondes sur les origines de nos maux, force est de constater que Jésus évite en tout cas la piste d'une relation de cause à effet entre les raisons de nos maux et notre responsabilité directe.

---

[3] Voir en premier exemple le discours d'Eliphaz de Téman en Job 4-5.
[4] Relire avec attention Job 1 et 2, ou Marion Muller-Colard, *L'Autre Dieu. La plainte, la menace et la grâce*, Genève, Labor et Fides, 2014.
[5] Penser aux devins, aux oracles, aux pythies et autres sorciers ou chamans consultés à chaque difficulté rencontrée lors de l'existence.
[6] Voir Luc 13.1-5.
[7] Voir Jean 9.
[8] Voir Matthieu 13.24-30,36-43.

Il laisse plutôt la place à l'action d'un ennemi[9] comme source des problèmes et surtout, il laisse la place à l'intervention divine de la grâce comme moyen de rétablissement du bien. L'exemple ultime de l'intervention divine pour restaurer la vie même après la mort est donné lors de l'épisode de la résurrection de Lazare[10].

Quelques mots sur les maux du coronavirus d'aujourd'hui

La tentation existe d'expliquer l'apparition du coronavirus par les mauvaises habitudes alimentaires d'un peuple oriental aux mesures d'hygiène douteuses, tout au moins dans certains marchés. Pratique : ce n'est pas notre faute ! Et nous voici quelque peu dédouanés ! On souffre aussi des conséquences mais au moins, on n'y est pour rien. On peut s'unir face à l'adversité car on a un ennemi commun !

C'est un peu étrange, mais il me semble que cette attitude n'est pas sans rappeler celle des amis de Job. En cherchant chez Job lui-même les raisons de son malheur, les amis tentaient plus ou moins discrètement de se mettre eux-mêmes à l'abri de tout reproche. Et cela leur sera sévèrement reproché par Dieu à la fin de l'histoire : « Ensuite, le Seigneur dit à Eliphaz de Téman : Je brûle de colère contre toi et contre tes deux amis. En effet, vous n'avez pas dit la vérité sur moi, comme mon serviteur Job l'a fait[11]. »

Il est dès lors préférable de se laisser influencer par les enseignements de Jésus-Christ. Il nous invitait, de son temps déjà, à nous éloigner du « pourquoi ? », toujours insatisfaisant au demeurant, pour nous orienter vers la quête de la grâce divine.

Admettons ! Je veux bien orienter mes prières vers la quête de la grâce divine. Mais comment le faire ? Dois-je commencer par avouer mes fautes ? Dois-je m'humilier devant le Très-Haut ? Peut-être serait-ce d'ailleurs assez à propos ? En toutes circonstances, d'ailleurs, et pas seulement dans le secret espoir d'amadouer la divinité qui pourrait ainsi rétablir la santé sur la terre et nous débarrasser de ce satané[12] virus !

L'équilibre entre la prière sincère de prise de conscience, voire de repentir, et la manipulation de la divinité est assez facilement rompu. D'autant plus que la perche m'est apparemment tendue par le verset de 2 Chroniques 7.14 pour espérer que mon repentir influence Dieu pour réparer le pays : « Si mon peuple,

---

[9] Relire Matthieu 13.28-39.
[10] Voir Jean 11. Jésus rend la vie à Lazare.
[11] Job 42.7. Voir le chapitre 42 en entier.
[12] « Satané virus », l'expression semble bien choisie, non ?

sur qui est invoqué mon nom, s'humilie, prie et me recherche, s'il revient de ses voies mauvaises, moi, je l'entendrai depuis le ciel, je pardonnerai son péché et je guérirai son pays. »

Et je guérirai son pays ! Dieu fera-t-il disparaitre le coronavirus ? Ou se peut-il qu'il existe une autre réparation que l'éradication du virus ? Dieu n'a peut-être pas attendu notre repentir et nos prières dévouées pour entreprendre la réparation du pays sur un autre plan : celui de la solidarité et des exemples de courage et d'abnégation que nous donne actuellement tout le personnel soignant en particulier.

Oui, je vois Dieu à l'œuvre chez tout le personnel médical qui, à l'exemple même de Jésus-Christ, n'hésite pas à mettre sa propre vie en péril pour en sauver quelques-uns s'il est possible. Je le vois également à l'œuvre de réparation des pays dans les innombrables gestes de soutien et d'entraide qui sont mis sur pied de tant de façons différentes et créatives.

Ainsi, même si je ne peux pas lire 2 Chroniques 7.13-14 comme l'aurait fait le peuple de la première alliance, je peux le lire aujourd'hui avec une extraordinaire reconnaissance envers un Dieu qui a déjà suscité la réparation du pays.

Il me reste alors une dernière interrogation plus personnelle : est-ce que je participe à la réparation divine de la planète ou est-ce que j'attends l'intervention punitive d'un dieu fâché contre les humains ? Ainsi, de ma vision de Dieu dépend aussi mon avenir éternel si j'en crois les paroles de Jésus-Christ dans Matthieu 25.31-46 :

> « Alors le roi dira à ceux qui sont à sa droite : Venez, vous que mon Père bénit. Recevez le Royaume que Dieu vous a préparé depuis la création du monde. En effet, j'ai eu faim, et vous m'avez donné à manger. J'ai eu soif, et vous m'avez donné à boire. J'étais un étranger, et vous m'avez accueilli. J'étais nu, et vous m'avez donné des vêtements. J'étais malade, et vous m'avez visité. »

L'effet ahurissant de la nouveauté

Pierre Kempf[1]

A chaque fois qu'il y a un « grave » problème, je suis stupéfait par les réactions que cela suscite. L'épisode actuel du Covid-19 en est caractéristique. Je me rappelle les deux tempêtes de décembre 1999 ayant causé 92 décès en France. Aux gens choqués, une foule de prédicateurs a aussitôt joué sur les peurs, alertant sur la fin du monde. Pourtant, environ trois semaines avant, une autre tempête en Inde avait fait dans les 20 000 morts. Presque personne n'en a parlé et là, comme par hasard, cela n'annonçait pas l'apocalypse. Tant que cela se passe ailleurs, cela n'inspire pas les prophètes autoproclamés ; mais dès que cela nous touche, on est soudain très fort pour parler de prophéties, de punition divine, de fin du monde.

Il est important de tirer les leçons de ce que nous vivons, mais ne confondons pas les signes des temps (Mt 24.6-8) avec le signe de la fin (Mt 24.30). Si le Covid-19 est une punition divine annonçant la fin, qu'annonçait alors la grippe espagnole ayant fait jusqu'à 50 millions de morts il y a 100 ans ? Au lieu d'attirer le cœur des personnes avec l'amour de Dieu pour l'humanité, un certain nombre de « témoins » trouvent opportun de pousser les gens vers Dieu par la crainte d'être perdus. Mais que vaut une conversion motivée par la seule peur de l'enfer ? Or actuellement, nombre de messages affligeants proclament la colère de Dieu sur les humains. Plusieurs de ces discours viennent aussi de certains adventistes. Leurs avertissements sur un ton martial et condamnateur ne reflètent en rien l'amour de Dieu cherchant à sauver le monde. Tout ce que cela va provoquer, une fois la vie revenue à la normale, ce sont des moqueries, des rejets, le sentiment de s'être fait manipuler.

On retrouve le même phénomène au rayon science. A chaque nouvelle menace, c'est l'affolement. Rappelez-vous la grippe aviaire, la vache folle et ses bûchers,

---

[1] Pierre Kempf est pasteur dans l'Union franco-belge des Eglises adventistes. Il est chargé d'enseignement à la Faculté adventiste de théologie de Collonges-sous-Salève (France) sur les sujets liés à la mission.

le SRAS ou le H1N1. Cela pour combien de morts ? Dès qu'il y a quelques décès, on légifère, on formule des interdictions. Il suffit qu'une plante utilisée à tort envoie une seule personne à l'hôpital, toute la presse « sérieuse » en parle pour dénoncer les méfaits des traitements naturels. Et pendant ce temps, le tabac et l'alcool font à eux deux environ 150 000 morts par an en France sans provoquer d'émotions, pour ne citer que cet exemple, parmi beaucoup d'autres.

Avec le Covid-19, cela se vérifie. Certes, il remplit les hôpitaux, mais il y en a dix fois plus qui n'ont pas besoin d'y aller, bien que n'ayant pas encore les anticorps contre ce récent virus. Que dire donc de la grippe saisonnière qui, dans l'indifférence, fait environ 10 000 morts chaque année en France, alors que la population en a développé les défenses immunitaires ? Le vrai problème du Covid-19 n'est pas la maladie elle-même, mais l'impréparation des hôpitaux à gérer un afflux soudain. C'est là la vraie raison du confinement. Mais cela aussi n'est pas nouveau, c'est un sujet habituel de plaintes. Déjà, en temps normal, des malades sont souvent parqués dans les couloirs faute de places, mais cela ne fait pas bouger les choses. Il suffit qu'une situation nouvelle surgisse, soudain on « découvre » le problème.

Nous angoissons à l'écoute des « scores » quotidiens relatant le nombre de cas graves et de décès. Nous nous sentons dans une période tragique. Mais imaginons que l'on se mette à nous annoncer chaque jour le pareil décompte macabre d'une épidémie habituelle de grippe. Nous aurions aussi droit à des chiffres très impressionnants créant également une ambiance de fin du monde. Pourquoi le fait-on pour le coronavirus et pas pour la grippe ? C'est juste que l'un est nouveau, l'autre est habituel. En cela, nous sommes intoxiqués par une manière manipulatrice de présenter les choses.

Les fameux gestes barrières qu'on nous ressasse en ce moment sont une très bonne chose, mais pas seulement dans le cas présent. Mis en pratique lors des épidémies coutumières, ils éviteraient aussi beaucoup de contaminations. Mais là, on est habitué, alors on n'en tient pas vraiment compte.

Cela me fait penser à notre Eglise. Elle est souvent enfermée dans sa routine, mais si, pour en sortir, on ose proposer une idée qui change de l'habitude, on a pareillement droit à des réactions excessives de « survie ». La nouveauté est à combattre à tout prix. Mais que notre « identité » soit sapée à la base par la force des coutumes internes ordinaires est un moindre problème. Et déjà faut-il admettre que ce soit un problème. C'est bien d'être vigilant sur la nouveauté, c'est encore mieux d'ouvrir les yeux sur tout ce qui nous plombe déjà dans la vie normale. Qu'il est difficile de voir au-delà de nos ressentis du moment et de nos idées toutes faites.

« Prière-pompier » ou « prière-sans cesse » ?
La pandémie interpellante

Roland Meyer[1]

Nous sommes le mardi 3 janvier 2017, il est 16h. Je suis à mon bureau ; je me sens fatigué, j'ai un peu de peine à respirer et j'ai l'impression que la fièvre monte. J'informe la secrétaire de la Faculté que je rentre me reposer. Mercredi la fatigue s'accentue ainsi que la difficulté à respirer. Jeudi matin mon épouse tente de contacter le cabinet médical, mais c'est l'époque de la grippe ; tous les médecins sont surchargés et les salles d'attente sont pleines. A midi j'appelle mon fils médecin car la situation empire. Je n'arrive pas à remplir mes poumons. Il me dit d'aller immédiatement aux urgences. Mon épouse me conduit alors à l'hôpital privé Pays de Savoie. L'attente est longue, la salle est pleine. Je ne tiens bientôt plus en place, je sors prendre l'air, ma démarche est instable, je reviens m'allonger sur ma chaise.

Après m'avoir installé dans le box d'observation, l'infirmière urgentiste me pose une voie veineuse puis on me conduit faire une radio du thorax. La technicienne en radiologie revient dans le box et me dit : « Mais qu'avez-vous fait à vos poumons ? » Le scanner révélera le lendemain une cavité dans chaque poumon, à droite d'une grosseur d'une balle de golf et à gauche d'une balle de tennis.

Toujours dans le box des urgences. La situation se péjore et l'infection se répand. C'est le choc septique. Je suis transféré dans le box de réanimation. Le rythme de la respiration s'accélère subitement, je n'arrive plus à remplir mes poumons. La tension artérielle est au plus bas. Le cœur s'emballe. Mes membres changent de couleur et des marbrures apparaissent. Les extrémités sont froides. Je perds totalement la voix, mais jamais je ne perds connaissance. Je suis toutes les

---

[1] Roland Meyer, docteur en théologie, est professeur de théologie systématique à la Faculté adventiste de théologie de Collonges-sous-Salève (France).

manœuvres et les discussions en direct. Je comprends sur les visages de mes proches qui m'entourent et sur ceux des soignants que la situation est sérieuse. J'aperçois de temps à autre le visage du médecin urgentiste qui tente de me rassurer. Il est d'une douceur et d'une amabilité remarquables. J'ai le sentiment qu'il sait ce qu'il fait et où il va. Reste à savoir comment mon organisme va réagir. J'apprendrai plus tard que le choc septique est l'une des premières causes de mortalité en réanimation, avec 50 % de mortalité. A mon âge, 67 ans à l'époque, cela peut aller jusqu'à 60 %.

Après quatre heures de soins intensifs, il est temps de me transférer dans une unité de réanimation. Il est 22h30. Tous les hôpitaux de la région sont bondés à cause de la grippe. Il reste une place à l'hôpital de Thonon. L'ambulance est prête avec à son bord une infirmière et un médecin urgentistes. Je suis mal, j'ai chaud, j'ai froid, je cherche l'air. Je ne le trouve pas. Je respire de plus en plus vite. Le mécanisme semble s'emballer. Le médecin augmente l'oxygène. A 23h30 je suis installé dans un box de réanimation de cet hôpital. Je ne suis pas sauvé pour autant. La mort peut arriver d'un moment à l'autre. J'en suis devenu bien conscient. L'équipe se relaie à mon chevet. Je suis totalement dépendant, ayant perdu toute force et toute mobilité. Cloué au lit, branché de partout. Cette dépendance totale est peu confortable, mais c'est sans doute le prix à payer pour peut-être s'en sortir. L'unité de réanimation me garde trois jours avant de me transférer dans l'unité de pneumo-infectiologie où le médecin-infectiologue ne me lâchera pas. Chaque jour, pendant dix jours, il vient m'expliquer les maladies déjà exclues grâce aux analyses, mais les laboratoires n'ont pas encore trouvé. Le dixième jour, il frappe à nouveau à ma porte et avec un sourire comme chaque patient aimerait voir, il s'assied au pied de mon lit et me dit : « On a trouvé la bactérie pathogène, on pourra cibler l'envahisseur avec précision et le neutraliser ! »

Les deux premières semaines il me faut une heure et quart pour avaler les trois biscottes, la compote et la tasse de thé du matin. Je ne tiens toujours pas sur mes jambes. Les kinés font tout ce qu'ils peuvent. Lorsque, fier de moi, je peux faire quelques pas autour de mon lit, l'un deux me lance : « Monsieur Meyer, nous allons apprendre à marcher ». Je croyais pourtant savoir marcher depuis bien des années ! Dix pas, puis vingt, puis la largeur de la chambre... Pendant ce mois de janvier j'ai pu parcourir les photos d'un seul hebdomadaire, sans jamais pouvoir lire aucun article. J'étais épuisé. Sortir quelques mots était trop fatigant et, de toutes façons, je n'avais pas de voix. Je recevais des SMS et des WhatsApp. Je pouvais répondre parfois par un « merci ! » quand j'en trouvais la force.

L'équipe soignante inoubliable de cette unité me sortira d'affaire et me permettra de quitter l'hôpital le 4 février, un mois après cette attaque bactérienne. Je n'ai toujours pas retrouvé ma voix. Non, je n'ai été intubé à aucun moment. Les examens de mes cordes vocales sont menés à Thonon, Annecy et Lyon. Après vingt-cinq séances de thérapie, je m'exprime de mieux en mieux, mais les séquelles sont là, et bien là. Je ne pourrai reprendre mon enseignement que début mai. A l'heure actuelle la voix n'est toujours pas revenue comme avant l'accident.

J'ai eu le temps de réfléchir pendant ce mois, seul dans ma chambre et j'ai pu faire le point et réfléchir au sens de la vie et... de la mort – si toutefois elle a un sens.

La prière ! Comment prier ? Pourquoi prier ? Le fallait-il vraiment ? Mais que dire, que demander ? Oui, j'ai prié, et beaucoup prié, j'avais le temps. A aucun moment je ne me suis surpris à demander à Dieu la guérison, que ce soit dans le box de réanimation ou dans ma chambre d'hôpital. Pour quelles raisons aurait-il dû me guérir, Dieu ? Pourquoi moi et pas un autre ? Etais-je plus important et plus valeureux qu'un jeune de quinze ans qui s'en va dans un accident de la circulation, ou qu'un bébé qui décède dans les bras de sa mère ? Certes non. Devais-je demander à Dieu de me sortir d'affaire alors que tant et tant d'humains, femmes, hommes, enfants, personnes âgées disparaissent chaque seconde ? Pourquoi moi et pas les autres ? Et pourtant j'aurais moi-même prié pour la guérison d'une personne malade, ce que je fais d'ailleurs régulièrement. C'est ce qu'ont fait pour moi un nombre incalculable de personnes autour de la planète, et je les en remercie. Cette solidarité m'a sans aucun doute aidé à poursuivre le combat contre l'ennemi.

En priant, que dire à Dieu ? Que s'il me guérit je lui consacrerai le reste de ma vie ? Je l'ai trop entendu, et ça n'a pas toujours marché. Que s'il me guérit je soutiendrai mon Eglise de toutes mes forces ? Que s'il me guérit je lui promets que je lui resterai fidèle jusqu'à la fin ? Non, je n'ai pas dit cela à Dieu. Je n'ai pas marchandé avec lui. Dieu n'a rien à vendre, il a tout à donner. Je lui ai simplement répété ceci à plusieurs reprises : « Si je sors vivant de cet hôpital, merci de m'aider à accepter les séquelles consécutives à cet accident ». C'est tout. Et pour moi c'est suffisant. Je n'ai jamais demandé la guérison. Les difficultés de la vie, mes erreurs, mes mauvais choix m'ont poussé à me rapprocher de Dieu et à cheminer avec lui quoi qu'il arrive. Ce rapprochement n'a jamais été le fruit d'un marchandage avec lui, mais d'un dialogue.

Mon raisonnement théologique ne m'autorise pas à demander à Dieu d'éradiquer le mal sur la terre quand moi je le veux. Il y a suffisamment de textes bibliques qui me disent que la fin du mal arrivera à la parousie dont je ne connais ni l'heure, ni le jour. Si Dieu devait me guérir chaque fois que je suis malade, pourquoi n'aurait-il pas supprimé le mal à la croix ? Et s'il peut me guérir, pourquoi ne me rend-il pas immédiatement immortel ? Là aussi les textes sont nombreux pour me dire que nous nous dirigeons vers l'immortalité, mais pas avant le retour du Christ et la résurrection des morts. En attendant, et depuis que le mal est apparu (Genèse 3), chacun se bat pour sa survie.

Je vous rassure, je crois au miracle. Mais le miracle est miracle parce qu'il est exceptionnel, et l'exception n'est pas la règle. Je crois à l'intervention divine. Mais les décisions divines échappent à mon entendement. Je n'ai jamais contraint Dieu à me sortir du trou. Je lui ai toujours demandé de me donner la sagesse, sa sagesse, pour mettre en route un plan si je survivais à cet accident. Et je crois que jusqu'à ce jour c'est ce qu'il a fait. Je me suis adressé à lui comme à une mère ou à un père, non pour obtenir ce que je voulais, mais pour trouver la force de vivre avec ce qui pourrait rester de la vie.

Les réactions humaines sont paradoxales. Si l'accident survient chez quelqu'un d'assez jeune, nous nous empressons de demander à Dieu la guérison, mais arrivé à un âge plus avancé, où les forces nous quittent, nous avons tendance à lui demander d'abréger notre vie ! Mais quel est ce Dieu qui fait notre volonté ? Sa volonté à lui n'a jamais été de nous conduire à la mort, mais à la vie. Nous l'appelons Sauveur, et non tueur. Si j'ai besoin d'être sauvé, c'est que je suis en perdition, et je le suis dès le moment où l'ennemi s'est invité au sein de la création. Où la bactérie s'est invitée dans mes poumons. Il est Sauveur et non sauveteur. Un sauveteur intervient dans une situation menaçante. Il peut me sauver une fois, deux fois, trois fois, mais je finirai bien par mourir un jour car le mal règne. Je prends le verbe sauver dans son sens eschatologique. Lorsque mon Sauveur interviendra, ce sera pour ne plus jamais être menacé par une situation maléfique. En attendant cette phase ultime de l'histoire de l'humanité, chacun se débat tant bien que mal pour sa survie sachant que les prédateurs sont nombreux et qu'il est parfois difficile de leur échapper.

Dieu, l'Esprit, Jésus, ne sont pas des agents d'assurance-vie. Ils sont les donneurs de Vie. Mais la vie, celle qui est la vraie, est promise pour plus tard, pour bientôt !

J'en conviens, ce récit ne semble pas être en lien avec le Covid-19, et pourtant si. Le lien n'est pas la maladie, mais la réaction face à la maladie.

Le Covid-19 est planétaire. Les réactions des humains sont multiples. Les uns interpellent leur gouvernement et leur président pour leur dire comment et quand ils auraient dû et pu agir pour mieux faire. Comme si ceux qui nous gouvernent étaient des dieux omniscients et omnipotents. Les autres sont effrayés et pris de panique. D'autres s'enferment dans le déni. La plupart cherche à se protéger. Certains prennent tous les risques pour sauver le maximum de leurs semblables pris dans la tempête. Et d'autres crient au ciel…

Les chrétiens sont partagés entre les remerciements adressés à Dieu d'avoir enfin envoyé ce fléau pour nous faire réfléchir, nous punir et nous juger, et les remerciements adressés au même Dieu de n'être pas l'auteur du mal. Nous n'avons pas tous le même Dieu ! Je préfère m'adresser à celui qui n'est pas l'auteur du mal (Jc 1.13-15) et lui demander de m'accorder la force, la sagesse, l'intelligence et son assistance pour trouver les moyens de lutter contre l'envahisseur. Ce combat va durer jusqu'à ce que son Royaume s'établisse et que le mal soit éradiqué, jeté dans l'étang de feu (Ap 20.14). Mais jusque-là les bactéries et les virus vont attaquer sans que Dieu n'en soit responsable.

Les Eglises étaient pleines au moment où frappait la peste noire en plein milieu du XIVe siècle. Les Eglises se sont remplies à la suite du séisme de Lisbonne en 1755. Dans les années de guerre mondiale, mon grand-père, pasteur, remplissait la salle du Victoria Hall à Genève (1 500 places) en invitant le public à assister à ses conférences sur des sujets concernant l'avenir de l'humanité, la fin du monde et le retour du Christ. Les chrétiens réclament des certitudes auxquelles s'accrocher quand le plancher s'effondre. Ils sont là, ils s'assemblent, ils prient, ils réclament, ils demandent pardon.

Les chrétiens se tournent vers Dieu, vers Jésus et vers l'Esprit au cœur de la pandémie du coronavirus. Pourquoi prions-nous quand le mal fait peur, et ne prions-nous pas quand le loup n'est pas là ? Certains ont besoin de créer des chaînes de prière et se sentent ainsi un maillon utile. Je vois la chaîne de prière comme un moyen de me fortifier dans un élan de solidarité entre les humains, plus que comme un moyen de pression sur le gouvernement divin. D'autres se réfugient dans des groupes de prière qui adressent au ciel des demandes répétitives. Certains interpellent les autorités divines avec force et détermination pensant faire bouger les choses pour qu'enfin les forces qui régissent l'univers comprennent que ça va mal sur la terre. D'autres encore tombent en extase à force de désespoir. Nous réagissons toutes et tous de manière bien différente face à l'attaque de l'ennemi. Et nous ne pouvons que respecter l'autre dans ses manières de s'adresser aux forces supérieures tout en revendiquant le droit de ne pas être toujours d'accord.

Je ne contrains personne à me suivre, mais il me semble qu'il y a peut-être deux prières. L'une est la « prière-pompier ». J'appelle quand ça va mal pour que l'autre vienne à mon secours. L'autre est la « prière-sans cesse ». Une dépendance constante au souffle de vie. C'est, je crois, cette deuxième prière qui me permet de faire face à l'inquiétude, parce que l'inquiétude est bien présente... mais je ne suis pas seul, j'ai appris à faire confiance à celui qui s'est engagé à me soutenir dans la noirceur de la vie. Certes, cette prière ne me met pas à l'abri de la souffrance, de l'accident et de la mort, pain quotidien d'une humanité en survie dans un monde détruit et destructeur. La « prière-sans cesse » ne me rend pas insensible à la situation catastrophique de notre planète, mais elle m'aide peut-être à ne pas crier au secours uniquement quand la terre tremble autour de moi, car du secours divin, nous en avons besoin à chaque instant. Nous sommes des créatures dépendantes et non des créateurs autonomes.

La « prière-pompier » n'est activée par certains que lors des attaques qui révèlent une faiblesse, alors que la « prière-sans cesse » est un *modus vivendi* qui m'accompagne quand le ciel est bleu, mais aussi quand il est gris. C'est ce que notre ami Paul semble nous dire : « Soyez toujours joyeux. Priez sans cesse » (1Th 5.16-17).

Comment la crise du coronavirus change-t-elle le monde et l'Eglise adventiste ?

Reinder Bruinsma[1]

Le monde est en plein bouleversement. Il y a quelques mois seulement, les premiers rapports de la Chine sur l'émergence d'un nouveau coronavirus – le Covid-19 – commençaient à circuler dans le monde occidental. Et maintenant, quelque quatre mois plus tard, la propagation mortelle du virus a pris des proportions pandémiques, infectant des centaines de milliers de personnes et tuant des dizaines de milliers d'hommes et de femmes. En Europe, certains pays, en particulier l'Italie et l'Espagne, déplorent un grand nombre de décès.

Au moment où j'écris ce court article, l'actualité à la télévision et à la radio, ainsi que dans les journaux et les médias sociaux, est dominée par cette crise mondiale. Oui, les guerres au Yémen et en Syrie continuent de faire des ravages et les réfugiés continuent de s'entasser dans les camps de Lesbos et d'autres endroits. Oui, la Corée du Nord a une fois de plus effectué des essais de roquettes. Mais ces événements ont été complètement éclipsés par le flux continu d'informations sur le coronavirus. Depuis quelques semaines, nous n'avons pratiquement plus entendu parler des manifestations des gilets jaunes en France. Même le sujet du changement climatique ne fait plus la une de nos quotidiens. Les discussions sur le Brexit vont sans doute se poursuivre, mais certains des principaux acteurs des négociations sont en quarantaine : Boris Johnson, premier ministre du Royaume-Uni et super-champion du Brexit, et Michel Barnier, négociateur en chef de l'UE, ont prouvé qu'ils n'étaient pas immunisés contre le virus.

Alors que le monde est dans la peur, ne sachant pas pendant combien de temps la pandémie actuelle entraînera la mort et le désespoir, et provoquera un énorme

---

[1] Reinder Bruinsma, docteur en théologie, a occupé diverses fonctions enseignantes et administratives dans l'Eglise adventiste. Il a notamment été Président de l'Union néerlandaise, puis Secrétaire de la Division trans-européenne. Aujourd'hui retraité, il continue d'être professeur invité dans de nombreuses universités adventistes.

ralentissement économique – avec une profonde récession qui se profile avec une forte probabilité –, certains hommes politiques et leaders d'opinion commencent à se demander quel type d'impact à long terme la pandémie du coronavirus pourrait avoir. Aura-t-elle un impact profond, même à long terme, sur notre façon de vivre, de travailler et de communiquer ? Changera-t-elle le panorama politique ? La crise contribuera-t-elle à un nouveau déclin du statut des Etats-Unis en tant que première superpuissance mondiale ? Le prestige et l'influence mondiale de la Chine vont-ils augmenter ? Les nations européennes semblent donner la priorité à leurs propres problèmes et besoins, et l'UE semble incapable d'assumer un rôle de coordination fort dans la crise actuelle. Cela va-t-il nuire de manière permanente au projet européen ?

L'impact du coronavirus sur l'Eglise

Si l'on examine l'impact possible de la crise du coronavirus sur l'Eglise chrétienne en général, on doit rapidement conclure qu'il y a beaucoup de questions et, jusqu'à présent, très peu de réponses – voire aucune. Bien sûr, la question principale est de savoir quel intérêt la religion cette crise va susciter. Cela amènera-t-il beaucoup de personnes à réfléchir davantage aux questions liées au sens de la vie, et à la question existentielle de savoir où est Dieu dans cette terrible épreuve qui frappe le monde ? Renforcera-t-elle la confiance de ceux qui croient en Dieu, qui croient que, d'une manière ou d'une autre, il est toujours aux commandes ? Cela amènera-t-il les croyants à se concentrer moins sur le fond doctrinal de leur foi et plus sur ce que signifie avoir une foi vivante en temps de besoin ? Ou cela amènera-t-il également de nombreuses personnes à douter et à se demander comment expliquer la misère actuelle si vraiment le Dieu chrétien est caractérisé par l'amour ?

Et il y a d'autres aspects. Les confessions trouveront-elles plus facile de travailler ensemble et d'oublier (temporairement) leurs différences doctrinales ? Cela aura-t-il un impact à long terme sur les efforts inter-confessionnels ? Certaines organisations ecclésiales deviendront-elles plus marginales lorsqu'il apparaîtra que, lorsque la situation se dégradera, les congrégations locales devront largement dépendre de leur propre créativité et de leurs ressources internes pour garantir aux croyants la pérennité d'un sentiment de communauté ? En outre, on peut se demander si beaucoup de gens ne vont pas s'habituer aux services religieux numériques au point que la fréquentation future des Eglises ne revienne pas aux niveaux d'avant le coronavirus.

Qu'en est-il de l'Eglise adventiste ?

Les mêmes questions se posent lorsque nous réfléchissons à l'impact de la pandémie du coronavirus sur l'Eglise adventiste du septième jour. Il est actuellement impossible d'imaginer comment l'Église adventiste dans le monde non occidental, où vit la majeure partie des plus de dix-neuf millions de membres de l'Église, sera affectée. Au moment où j'écris ces lignes, les pays qui comptent un grand nombre de membres, en Amérique du Sud, en Amérique centrale et en particulier en Afrique, n'ont pas (encore ?) vu un grand nombre de personnes infectées. Il faut cependant craindre que dans un avenir proche, la pandémie se propage vers le Sud, tout comme d'autres pandémies se sont souvent déplacées de l'hémisphère nord vers l'hémisphère sud. Dans les paragraphes qui suivent, je me concentrerai sur les effets possibles de la crise sur l'Église en Occident : en Amérique du Nord, en Europe, en Australie et en Nouvelle-Zélande.

Au cours des dernières décennies, la structure hiérarchique de l'Eglise adventiste s'est affaiblie pour diverses raisons. Pour la plupart des membres en Occident, la Conférence générale et les Divisions se sont de plus en plus éloignées de la vie réelle des Eglises locales. L'amère controverse sur la consécration des femmes au pastorat n'a pas permis à un segment important de l'Eglise d'avoir une attitude appréciative des « organisations supérieures ». Et, bien qu'une partie des membres applaudisse l'approche plus conservatrice adoptée ces dernières années par les hauts dirigeants de l'Eglise, il semblerait que – du moins dans de nombreux territoires – les organisations supérieures (en particulier la Conférence générale et les Divisions) soient considérées par beaucoup comme de moins en moins pertinentes. Une période sans aucune présence physique des dirigeants de ces organisations « supérieures » à travers le monde entier, en raison de l'interdiction des voyages internationaux et de l'annulation de nombreuses réunions internationales, renforcera-t-elle encore ce processus déjà en cours ? En outre, la pression inévitable sur les finances de l'Eglise adventiste sera-t-elle un autre aspect alimentant ce processus ?

La crise du coronavirus affectera-t-elle la théologie de l'Eglise adventiste ? La théologie n'est pas quelque chose qui se passe dans le vide, mais elle est toujours influencée – que nous le reconnaissions ou non – par le contexte dans lequel la théologie se développe. Les temps de crise mettent immanquablement au premier plan les questions de théodicée et la théologie adventiste est inévitablement fortement affectée dans le domaine de l'eschatologie. Comment ce que nous vivons aujourd'hui s'inscrit-il dans le scénario adventiste de la fin des temps ?

Comme on pouvait s'y attendre, deux types de réponses à cette question mettent en évidence la profonde polarisation de la pensée de l'Eglise. D'un côté, certains pensent que les mesures prises par les gouvernements du monde entier illustrent la rapidité avec laquelle une situation peut se produire dans laquelle nos libertés – y compris la liberté religieuse – peuvent être gravement menacées. Ils avertissent les membres que la crise du coronavirus pourrait bien être le prélude à la mise en place d'une sorte de gouvernement mondial répressif avec, bien sûr, le pape dans un sinistre rôle clé. D'autre part, nous entendons l'avertissement que cette pandémie pourrait bien être l'un des nombreux « signes » de l'époque, mais que nous devons nous abstenir de faire des prédictions alarmistes.

Un autre effet de la crise pourrait bien être que de nombreux membres souhaitent que l'Eglise et ses dirigeants se concentrent sur ce qui est, selon eux, vraiment important dans une période comme celle-ci. Ils ne recherchent pas des études bibliques sur le roi du Nord et le roi du Sud (comme cela a été abordé dans une récente étude de l'école du sabbat). Ils veulent entendre un message d'espoir et d'encouragement plutôt que de se soucier de certaines subtilités doctrinales.

Les Eglises locales sont très affectées par les conséquences de la pandémie. Maintenir la communauté en activité et fournir un service significatif à ses membres exige beaucoup de créativité de la part du pasteur et de beaucoup d'autres personnes. Celles qui ont des compétences numériques jouent désormais un rôle encore plus important qu'auparavant. La communication avec les membres et la mise en place d'un bon système pour rester informé des besoins concrets de tous les membres est une condition *sine qua non*. Il est à espérer que les différents niveaux d'organisation (en particulier les fédérations et les unions) continueront de fournir une certaine inspiration, mais la plus grande partie de l'inspiration devra venir de l'Eglise locale. Le « verrouillage » des bâtiments de l'Eglise ne sera peut-être pas seulement une question de quelques semaines mais, dans certains endroits, de plusieurs mois, et exigera de la persistance et un flux continu de nouvelles idées et de nouveaux projets numériques, pour toutes les tranches d'âge.

Un problème spécifique ne doit pas être sous-estimé. Chaque congrégation a des membres qui ne possèdent pas d'ordinateur portable ou de tablette. Et, s'ils en ont un, ils n'ont peut-être aucune idée de la façon de trouver *Hope Channel* et d'autres ressources d'élévation spirituelle. Peut-être que la diaconie locale pourrait envisager de fournir aux membres qui sont handicapés par le numérique et qui ont des moyens financiers limités, un iPad ou une autre tablette préprogrammée, afin que les services les plus pertinents puissent être accessibles sans trop de difficultés. En cas de besoin, les jeunes pourraient prendre contact avec ces membres pour leur donner les instructions essentielles par téléphone.

Certains pasteurs sont versés en informatique, mais beaucoup, surtout dans la tranche d'âge supérieure, ne sont pas, ou pas suffisamment, au fait des techniques numériques pour fonctionner efficacement dans la crise actuelle. Les fédérations et les unions ont ici pour tâche de fournir une éducation en ligne, afin d'aider leurs pasteurs à fonctionner de manière optimale tant que les contacts physiques sont sévèrement limités.

Un autre aspect important est la fréquentation des Eglises. Beaucoup de gens pourraient-ils s'habituer à écouter un sermon depuis leur canapé au point de préférer cette façon d'aller à l'Eglise ? Et quels modèles de fréquentation numérique des Eglises se développeront ? Les programmes numériques d'école du sabbat attireront-ils autant de participants que les études bibliques en direct dans un bâtiment d'Eglise ? Les gens auront-ils tendance à se brancher sur le service en ligne de leur Eglise locale, ou seront-ils nombreux à rechercher des conférenciers connus et à se brancher sur les programmes en ligne de pointe des grandes Eglises, plutôt que sur les programmes moins sophistiqués de leur propre Eglise locale, beaucoup plus petite ?

Et qu'en est-il des finances ? Dans quelle mesure les habitudes de don concernant les dîmes et autres offrandes vont-elles souffrir lorsque les églises resteront fermées pendant quelques mois ? Comment cela affectera-t-il les projets missionnaires – lointains et proches ?

Peut-on s'attendre à des effets positifs ?

Comme je l'ai dit dans le paragraphe d'ouverture, j'ai beaucoup de questions auxquelles je n'ai même pas le début d'une réponse. Cependant, il est important de poser ces questions. Cela nous met en garde contre des choses que nous devons analyser avec soin alors que la crise du coronavirus continue de faire des ravages avant qu'elle ne s'atténue et ne disparaisse, comme nous l'espérons tous. Il est important que l'Eglise à tous les niveaux ne se contente pas de revenir à sa routine antérieure (si c'est possible !), mais qu'elle prenne le temps d'analyser ce qui s'est passé et de voir comment nous pouvons en tirer des enseignements.

Ce qui se passe actuellement peut, je crois, avoir également des résultats positifs. Un exemple concerne le fait de repenser les futurs rassemblements mondiaux de l'Eglise. Le report de la session de la Conférence générale de 2020, qui devait se tenir au début du mois de juillet de cette année, a obligé les dirigeants de l'Eglise à réfléchir aux moyens de remodeler cet événement quinquennal, qui a connu une croissance exponentielle, impliquant toujours plus de personnes et nécessitant des budgets toujours plus importants – sans qu'aucune limite ne soit en vue. La bonne nouvelle est que cette évolution imprévue a également conduit à la décision de simplifier considérablement les futurs congrès mondiaux.

La nécessité d'éviter les déplacements et d'annuler un grand nombre de réunions internationales, de symposiums, de consultations et de réunions de commissions pourrait donner naissance à une nouvelle tendance visant à utiliser beaucoup plus largement les technologies disponibles et, partant, à économiser beaucoup de temps et d'argent. Quoi qu'il en soit, les préoccupations financières peuvent également contraindre l'Église à s'engager dans cette direction.

Une période où les « organisations supérieures » sont moins impliquées dans ce qui se passe réellement au niveau de la base peut réduire davantage leur rôle et peut également entraîner une plus grande disposition des niveaux « inférieurs » à prendre des décisions plutôt que de suivre ou d'attendre des directives venant d'en haut. Se pourrait-il que cela donne aussi un nouvel élan pour, enfin, laisser les régions du monde déterminer comment elles vont traiter la question de la consécration des femmes au pastorat ?

Enfin, il y a peut-être des raisons d'espérer que la crise du coronavirus de 2020 incite l'Eglise à se concentrer moins sur des discussions doctrinales non cruciales, ce qui, dans le passé, a entraîné une forte polarisation et a souvent généré plus de chaleur que de lumière, et surtout à mettre l'accent sur la nécessité d'une foi vivante qui fasse une réelle différence dans notre vie quotidienne et qui transforme l'Eglise toujours plus en une communauté qui manifeste l'amour du Christ en servant le monde.

L'Eglise du reste à l'époque du Covid-19

Luca Marulli[1]

L'Eglise adventiste reconnaît l'existence d'un peuple de Dieu universel et invisible qui traverse l'histoire et dont les frontières sont indéfinissables par l'humain. Il est composé de femmes et d'hommes de toutes les époques qui, à leur manière et en fonction de leurs connaissances et croyances spécifiques, laissent l'Esprit de Dieu toucher leurs consciences et guider leurs actions. Pourtant l'Eglise adventiste affirme également, selon les mots de la *Croyance fondamentale* numéro 13, que « dans les derniers jours, en un temps d'apostasie généralisée, un reste a été suscité pour garder les commandements de Dieu et la foi en Jésus ».

La notion de « reste » vient d'Apocalypse 12.17 :

« En colère contre la femme, le dragon s'en alla faire la guerre au reste de sa descendance, à ceux qui gardent les commandements de Dieu et qui portent le témoignage de Jésus ».

On remarquera que le texte ne parle pas d'« Eglise du reste », mais de « reste ». En effet, les pionniers adventistes se sont identifiés avec ce « reste » lorsque l'Eglise adventiste n'existait pas encore. Il s'agissait du groupe de chrétiens (appartenant à des dénominations différentes), issu du mouvement millérite, qui avait « survécu » à la grande déception de 1844. Pour les pionniers, le respect intégral du décalogue biblique et la foi en Jésus étaient les marques de ce qu'ils appelèrent « le peuple de Dieu », « le reste », mais aussi « le petit reste » et « le reste dispersé ». La présence dans leur rang d'Ellen White a été également un élément d'une grande importance, puisque le témoignage de Jésus est l'Esprit de prophétie (voir Ap 19.10). Avec l'organisation officielle de l'Eglise adventiste en 1860, le « reste » devient « Eglise du reste ». Pourtant la notion de « reste » / « Eglise du reste » demeure pour les adventistes un champ d'étude et de recherche continuelles. Lorsqu'Ellen White était vivante, elle « incarnait »

---

[1] Luca Marulli est professeur de Nouveau Testament à la Faculté adventiste de théologie de Collonges-sous-Salève (France).

l'Esprit de prophétie au sein de l'Eglise adventiste. Mais après sa mort on ne pouvait plus concevoir l'Esprit de prophétie comme étant seulement réduit à des écrits. Le prophète, animé par l'Esprit, lègue à la postérité des témoignages et des enseignements. Mais l'Esprit, lui, est vivant et continue d'exercer son influence, d'animer d'autres prophètes. Si, au départ, l'Esprit de prophétie animait Ellen White seulement, ou était identifié avec le ministère prophétique d'Ellen White, par la suite on a souligné que ce même Esprit continue d'inspirer le message porté par toute l'Eglise adventiste. Le message adventiste (dans son devenir aussi) est compris comme prophétique, c'est-à-dire éclairé par l'Esprit qui, dans le passé, a animé Ellen White, et qui aujourd'hui continue d'animer la proclamation portée par toute l'Eglise[2].

Il me semble qu'il y a deux manières différentes et opposées de vivre la mission et le privilège d'être une voix prophétique. D'une part, la voie de l'orgueil spirituel ; de l'autre, la voie tracée par l'enseignement et l'exemple de Jésus. Il est tout à fait possible d'avoir le discours suivant (même si parfois on n'est pas prêts à l'admettre explicitement) : il y a nous (en haut) et les autres (en bas) ; à savoir les bons (nous) et les mauvais (les autres) ; les sauvés (nous) et les condamnés (les autres) ; les justes (nous) et les apostats (les autres) ; les fidèles (nous) et les infidèles (les autres) ; les véritables adorateurs (nous) et les idolâtres (les autres) ; ceux qui ont la connaissance (nous) et les incultes (les autres) ; les sages (nous) et les fous (les autres). Qu'on le veuille ou non, dans cette perspective l'Eglise affirme : « Je suis riche, je suis devenu riche, je n'ai besoin de rien ni de personne » (Ap 3.17) ; et elle s'étonnera peut-être de couver sous ses formes de piété la pensée suivante : « Mais cette foule qui ne connaît pas la loi, ce sont des maudits ! » (Jn 7.49). Hélas, la volonté de fidélité aux valeurs bibliques peut être polluée par le dédain à l'égard des autres, et la nature toute particulière – et, par endroits, unique – de la mission peut être comprise comme une disqualification systématique du travail, du rôle, des efforts et des mérites des autres.

Or, la crise sanitaire actuelle est une opportunité que l'Eglise adventiste peut saisir pour se laisser sonder par l'Esprit de Dieu et s'interroger sur comment (continuer à) adopter la foi *de* Jésus[3]. Jésus a montré qu'être fidèle à soi-même et à Dieu signifie aimer « ce monde » sans réserve. Lorsqu'il attire l'attention de ses disciples sur le geste d'une veuve qui donne « tout ce qu'elle avait (toute sa

---

[2] Voir à ce propos Richard Lehmann, *Eglise du reste : mythe ou réalité ?*, Dammarie-les-Lys, Vie et Santé, 2014, notamment le premier chapitre : « Le motif du reste dans l'Eglise adventiste » (p. 7ss).
[3] La notion de « foi *du* Christ » se retrouve dans plusieurs textes du Nouveau Testament : Rm 3.22, 26 ; Gal 2.16,20 ; 3.22 ; Ep 3.12 ; Ph 3.9 et, à mon avis, aussi en Ap 14.12. Le lecteur pourra se référer, avec profit, à l'article de Paul-Dominique Dognin, « La foi du Christ dans la théologie de Saint Paul », *Revue des sciences philosophiques et théologiques* 89 (2005/4), p. 713-728.

vie) » (Mc 12.44) à ceux qui « dévorent les maisons des veuves » (Mc 12.40), Jésus montre l'excellence et l'apparente folie de la logique du don de soi dont il est l'expression la plus haute : se donner entièrement, non pas en fonction de la réponse ou même des intentions des autres, mais parce que c'est le seul chemin qui conduit au cœur de l'humain et qui peut produire le changement radical. L'apôtre Paul le dira autrement : « Le Christ, en son temps, est mort pour des impies. [...] Or voici comment Dieu, lui, met en évidence son amour pour nous : le Christ est mort pour nous alors que nous étions encore pécheurs » (Rm 5.6-8). C'est la conséquence scandaleuse de l'affirmation que seule « la bonté de Dieu [conduit] à un changement radical » (Rm 2.4). L'Église qui marche selon la pensée de Dieu exprimée en Jésus (2Co 2.16) exprime au mieux son identité lorsqu'elle est entièrement solidaire de la souffrance humaine, souffrance de laquelle ni Dieu ni Jésus n'ont pris des distances physiques ou idéologiques.

De manière complémentaire, l'évangile de Luc conserve une parabole qui, me semble-t-il, est d'une brûlante actualité pour l'Eglise qui se veut à la fois unique et différente, mais aussi au service des autres : *le bon Samaritain* (Lc 10.30-37). Cette parabole est prononcée suite à une double question soulevée par un spécialiste de la Loi : « Que dois-je faire pour hériter la vie éternelle ? [...] Qui est mon prochain ? » (Lc 10.25,29). Le prochain est ici compris comme une personne susceptible de bénéficier de mon « faire » : c'est elle qui a besoin de moi, qui est dans le manque, qui abrite un besoin que je m'efforce de combler dans la mesure du possible. La parabole de Jésus est surprenante, car le « prochain » n'est pas le Juif roué de coups et qui a besoin que l'on prenne urgemment soin de lui, mais le Samaritain qui pourvoit avec générosité à ses nécessités impérieuses (Lc 10.36-37). Un Samaritain ! N'importe quel Juif (et de surcroît un spécialiste de la Loi) ne peut qu'éprouver de la répugnance et de l'inimitié profonde envers ces gens impurs, qu'il prend plaisir à maudire publiquement dans la synagogue, qui ne sont jamais acceptés comme prosélytes, dont la nourriture est à ses yeux aussi impure que le sang de porc, et auxquels il ne prêterait pas son aide même au prix de la souffrance. Cette parabole bluffe son auditeur car elle l'oblige à reconnaître que pour le pauvre Juif, c'est ce Samaritain qui est son prochain, son aide, son salut.

L'Eglise adventiste pose-t-elle aussi une question toute centrée sur elle-même, lorsqu'elle demande : « En tant qu'Eglise du reste, que devons-nous faire pour les autres en ce temps de crise ? » La parabole de Jésus subvertit la manière de voir notre relation avec les « autres » qui ne font pas partie de nos frontières dénominationnelles. Si le pauvre Juif roué de coups *est mis au bénéfice* – heureusement pour lui – de l'aide d'un Samaritain, c'est que ce dernier est son prochain : non pas quelqu'un à aider, mais celui qui l'aide. De même, plutôt que de se concentrer exclusivement sur ce qu'elle peut accomplir pour les autres, n'est-il pas temps pour l'Eglise adventiste de se poser aussi des questions fondamentales telles que : De qui suis-je déjà en train de recevoir de l'aide ? Comment reconnaître, valoriser avec gratitude et m'engager à mon tour avec et pour des personnes qui, face aux priorités actuelles (guérir des malades, aider les plus vulnérables, promouvoir une conscience citoyenne, établir des plans pour progressivement sortir du confinement...), se donnent cœurs et âmes, en faisant abstraction de leurs croyances, appartenance, orientations, convictions ?

L'Eglise adventiste, aujourd'hui, face à la pandémie du Covid-19, à la crise sociale qu'elle génère, à la perspective d'une relance économique très difficile, à la probabilité de l'éclatement d'autres pandémies liées au réchauffement climatique, doit saisir l'occasion de continuer à promouvoir le bien et le caractère du Dieu d'amour, à dénoncer le mal et les injustices, à encourager nos jeunes à étudier et à s'engager activement dans la société pour être en mesure de collaborer avec les institutions séculières afin de proposer des modèles de reconstruction écologique et économique.

Plutôt que de céder au désespoir profond qui se réfugie *exclusivement* dans l'attente de l'acte résolutif de Dieu, plutôt que de laisser son « j'accuse » paralyser sa compassion, plutôt que de céder à l'envie d'opérer un procès expéditif et définitif global sans reconnaître que des institutions et des individus qui ne professent pas la foi adventiste font des efforts tangibles pour soulager le mal qui frappe aveuglement, le rôle de l'Eglise qui aspire à garder les commandements de Dieu et la foi *en/de* Jésus est de participer à l'effort collectif pour ce monde que Dieu a tant aimé et qui est habité par des femmes et des hommes exceptionnels.

Le journaliste Rambert, personnage du roman *La peste* de Camus, s'est retrouvé dans une ville de pestiférés, qu'il considérait comme étrangère et de laquelle il voulait à tout prix se sauver. Pourtant il mûrit cette réflexion :
> « J'ai toujours pensé que j'étais étranger à cette ville et que je n'avais rien à faire avec vous. Mais maintenant que j'ai vu ce que j'ai vu, je sais que je suis d'ici, que je le veuille ou non. Cette histoire nous concerne tous. » Car, selon ses mots, « peut y avoir de la honte à être heureux tout seul ».

En attendant que le clivage final entre ceux qui ont adhéré définitivement à la logique du mal et ceux qui se tournent vers Dieu comme vers un Père trop longtemps attendu, l'Eglise adventiste doit continuer à annoncer l'Evangile de liberté et de responsabilité tout en étant le sel de la terre. L'Eglise qui aspire à être l'Eglise *du reste* doit aussi être l'Eglise *qui reste*. La solidarité doit animer fortement sa prédication, car le « reste » ne prend pas ses distances des besoins concrets de la société. Le « reste » accepte de l'aide, valorise ceux par qui ce soutien arrive et se déploie, se met au service de la société de manière intelligente, solidaire, positive, miséricordieuse, selon la situation en restant à l'écoute et en silence, ou en livrant une parole qui nourrit l'espérance et qui ramène à la responsabilité et aux valeurs bibliques. Le « reste » se préoccupe du bien public aussi en respectant le confinement. L'Eglise sait et proclame que c'est Dieu, et non pas un virus ou une autre calamité, qui aura le dernier mot.

> « Ceux à qui Dieu a donné la proclamation de sa vérité doivent posséder le même esprit généreux dont le Christ a fait preuve et adopter les mêmes larges plans d'actions. [...] Ne soyez pas exclusifs. Ne recherchez pas la compagnie de quelques personnes qui vous plaisent particulièrement pour laisser les autres prendre soin d'elles-mêmes. [...] Les âmes mêmes que vous méprisez ont besoin d'amour et de sympathie. [...] Si vous agissez ainsi, Dieu ne vous abandonnera pas non plus à votre faiblesse. Il se peut qu'à ses yeux vos péchés soient plus graves que les péchés de ceux que vous condamnez. Ne vous tenez pas à l'écart en disant : "Je suis plus saint que lui". Le Christ enveloppe tous les êtres humains de son amour. Il leur communique sa divine puissance afin que l'âme désespérée et attristée par ses péchés atteigne une vie plus haute[4]. »

---

[4] Ellen White, *Le ministère évangélique*, Dammaris-les-Lys, Vie et Santé, 2000, p. 329-330.

Les églises sont fermées...
Dieu en est-il affecté ?

Gabriel Monet[1]

La fermeture des églises, comme de tous les lieux de culte, dans de nombreux pays confinés à cause de la crise sanitaire liée à la pandémie du Covid-19, affecte les croyants. Les pasteurs et les leaders religieux cherchent à pallier ce manque pour les fidèles qui ne peuvent plus assister au culte hebdomadaire ni faire communauté comme à l'habitude. Cultes diffusés en ligne, propositions de lectures, réunions en visioconférences, prières ou partages sur les réseaux sociaux... autant d'initiatives qui viennent combler ce manque. Tout est fait pour prendre soin des membres, répondre à leurs besoins et à leurs attentes. C'est louable, vital et aussi l'enjeu de nombreux défis relevés avec beaucoup de créativité et d'engagement. Ceci étant, sans du tout minimiser les conséquences pour les croyants de ce confinement et en particulier le fait que les lieux de culte demeurent portes closes, j'ai envie de poser la question en l'inversant. C'est-à-dire non pas en m'interrogeant si et comment les fidèles en sont impactés, mais si Dieu en est affecté ?

J'ai bien conscience que ma question est à la fois une provocation et une aporie. Une provocation car oser imaginer ce que Dieu peut penser est audacieux, sinon irrespectueux. Une aporie, car au fond nous ne pourrons jamais véritablement répondre à cette question puisque nous n'avons aucun moyen de savoir ce que Dieu ressent. Quoique ?

Une question théo-logique

En fait, au risque d'un certain anthropomorphisme (attribution de caractéristiques humaines à une autre entité, comme Dieu par exemple), mais

---

[1] Gabriel Monet, docteur en théologie, est doyen et professeur de théologie pratique à la Faculté adventiste de théologie de Collonges-sous-Salève (France).

avec beaucoup de prudence et une sincère incertitude (car je ne veux surtout pas penser pour Dieu), la Bible me semble autoriser une telle réflexion. En effet, on y lit que Dieu se réjouit, qu'il est jaloux, qu'il souffre, qu'il se repent, qu'il se met en colère, qu'il compatit, et j'en passe. Il importe de dire que tout ce qui a été écrit et tout ce que l'on pourrait dire à propos de Dieu est en effet une forme de placage sur un être qui nous reste profondément inaccessible, tant il nous dépasse. Mais justement, se décentrer de soi, pour envisager prendre la hauteur d'une pensée tournée vers Dieu, est l'occasion de reconnaître la grandeur divine. Là est en tous cas mon intention. La foi est premièrement tournée vers le Tout-Autre qu'est Dieu, et notre relation à lui a toujours son origine en lui.

Ainsi par exemple, dans le songe de Jacob (Gn 28.10-17), le récit précise que l'échelle a son point d'ancrage au ciel. Ce n'est pas une échelle qui monte, mais qui descend. Le texte évoque que la tête de l'échelle touche le ciel, et ce mot « tête » en hébreu signifie « commencement ». Le point de départ de l'échelle, et probablement de toute relation à Dieu, se trouve en haut et non ici-bas. Et même quand Dieu se fait le « Très-Bas », en Jésus incarné, sa hauteur de vue, la grandeur de ses actes, la force de ses paroles, sa dépendance d'avec son Père... ne peuvent que nous inviter à suivre le chemin qui mène à Dieu (Jn 14.6).

Se décentrer de soi, de ses besoins spirituels, de ses habitudes ecclésiales, revient à saisir la logique de la foi qui est focalisée sur le divin et non sur l'humain. Certes, l'amour bienveillant de Dieu envers l'humanité donne à chacune et à chacun une valeur inouïe, et de la même manière que Jésus a pleuré devant la tombe de Lazare, je ne doute pas que le cœur de Dieu soit meurtri pour tous les malades et les morts du fait de cette pandémie (comme d'ailleurs pour toute autre raison). Certes, le Dieu de la Bible a pour particularité, contrairement aux divinités païennes, d'être un Dieu qui vient habiter au milieu de son peuple (Ex 25.8) et non un dieu lointain qu'il s'agit d'apaiser à coup d'offrandes ou de sacrifices. Mais laisser Dieu être Dieu implique de comprendre que toutes choses ont leur origine et leur aboutissement en lui. La logique de la foi ne part pas de nos envies, de notre plaisir ou de nos besoins, car c'est l'équation du péché qui détourne de la primauté divine. La logique de la foi est d'avoir nos regards tournés vers le Seigneur (Ps 25.15) et de ne jamais oublier qu'il nous a aimés le premier (1Jn 4.19).

Adorer en esprit et en vérité

Poser la question d'un Dieu affecté par la fermeture des églises comporte aussi un aspect liturgique. En effet, les églises qui restent désespérément vides, les prières collectives qui ne montent plus jusqu'à Dieu, les assemblées chantantes qui ne peuvent plus le louer... tout cela lui manque-t-il ? Répondre *oui* serait bien présomptueux, comme si la joie de Dieu dépendait des « petits » humains qui sont si peu de choses au regard de l'univers (Ps 8.5). Mais répondre *non* reviendrait à affirmer que nos cultes ne contribuent pas à la gloire de Dieu !

Trop souvent, nous pensons le culte comme devant plaire aux participants : la musique doit être agréable à écouter, l'environnement multimédia doit nous égayer, la durée doit être adaptée pour ne pas lasser, la prédication doit intéresser les auditeurs... Or, si tout cela n'est pas infondé, il importe de rappeler que le destinataire du culte est Dieu, non les humains. Le but du culte n'est pas prioritairement d'être agréable aux adorateurs mais à celui qui est adoré : Dieu. Peut-être que cela nous manque de ne plus pouvoir nous rassembler pour prier, chanter, écouter la Parole... mais le premier à qui cela devrait manquer est celui qui est la raison d'être de l'existence de nos cultes : Dieu.

Nos églises physiquement fermées et l'impossibilité de se rassembler pour offrir nos cultes interrogent nos modalités habituelles d'adoration. Peut-être, parfois inconsciemment, nous pourrions avoir tendance à penser que le seul lieu légitime du culte c'est l'église, et le seul moment approprié de l'adoration c'est le sabbat matin. Que le sabbat soit un jour privilégié de notre vie spirituelle est une évidence et un marqueur important, mais nous ne sommes pas des adventistes *que* le septième jour. Quant au bâtiment d'église, il est certes utile pour que nos activités, et notamment nos cultes d'adoration, puissent se dérouler dans les meilleures conditions, mais il reste secondaire. Dieu n'est pas cantonné aux murs de nos temples faits de pierres ou de briques, mais le véritable temple est fait de la chair de nos cœurs, et la véritable Eglise est composée par les pierres vivantes que nous sommes.

Dans le dialogue entre Jésus et la femme samaritaine, pour esquiver les questions d'un Jésus qui tentait d'ouvrir la porte de son cœur, la samaritaine a fait diverger la conversation vers la théologie des lieux et des temples en mettant en évidence les divergences entre le Mont Garizim, lieu d'adoration des Samaritains, et le Mont Sion à Jérusalem, lieu du Temple des Juifs. Or Jésus a clairement montré que l'emplacement était secondaire : « L'heure vient, elle est là, où les vrais adorateurs adoreront le Père en esprit et en vérité ; tels sont, en effet, les adorateurs que cherche le Père. Dieu est esprit et c'est pourquoi ceux qui l'adorent doivent adorer en esprit et en vérité » (Jn 4.23-24). Après tout, peut-être que la fermeture des lieux de culte affecte Dieu positivement car cela constitue une occasion pour chacun de sortir du conformisme social, des habitudes ecclésiales, du formalisme liturgique pour faire le point et vérifier que nous adorons « en esprit et en vérité ».

Certes, nul doute que la dynamique communautaire des cultes d'adoration se trouve impactée par l'impossibilité de se rassembler physiquement, et si les alternatives technologiques et numériques ouvrent des potentialités intéressantes, rien ne remplace la chaleur humaine de véritables rencontres, l'enthousiasme louangeur d'assemblées réunies. Malgré tout, ce temps sabbatique de sabbats en églises, peut être une occasion de raviver l'envie de se retrouver et, en tous cas, quels que soient les lieux et les moments, d'avoir des cultes qui favorisent une adoration authentique où ce qui prime est la communion avec Dieu.

Etre et faire Eglise

La question impertinente d'un Dieu potentiellement affecté par nos églises fermées peut aussi nous inviter à considérer les choses sous l'angle de l'ecclésiologie. Il est intéressant de noter que l'expression « aller à l'église » qui nous fait associer l'église à un lieu où l'on va, n'apparaît aucunement dans la Bible. Certes, dans l'Ancien Testament, les « convocations de l'Eternel » (*Qahal Adonaï*) étaient des invitations à se rassembler en un lieu pour écouter la Parole. Par ailleurs, les fêtes de pèlerinages encourageaient à se rendre dans un lieu spécifique : le Temple de Jérusalem pour la Pâque, la Pentecôte... Par ailleurs, lors de l'essor de l'Eglise, les lieux de rencontres étaient une réalité tangible, souvent dans les synagogues ou les maisons, parfois dans les lieux naturels. Pourtant, jamais il n'est question d'*aller* à l'église. En fait, nous sommes l'Eglise[2] ! Nous faisons l'Eglise... Affirmons-le haut et fort : non, théologiquement nos Eglises ne sont pas fermées[3].

Associer le verbe « être » à l'Eglise est une invitation à passer d'une église que l'on fréquente à une Eglise que l'on incarne partout où l'on est. La première est pourvoyeuse de services religieux qui dépendent bien souvent de quelques professionnels (les pasteurs) ou volontaires (les laïcs engagés), alors que la

---

[2] Il est intéressant de noter que les habitudes typographiques font que l'on orthographie le mot *église* pour parler du bâtiment avec un é minuscule, alors que lorsqu'on parle de l'*Eglise* en tant que communauté, on lui affecte un E majuscule. Non seulement elles sont différenciées, mais il semble que la corporéité relationnelle attachée à la dimension ecclésiale prime sur les réalités architecturales.

[3] On peut même peut-être envisager la possibilité que la fermeture des bâtiments d'église génère un regain concernant la foi communautaire. Certaines expériences historiques, notamment lors de périodes totalitaires, ont montré une déconnexion entre liberté de se réunir et vie spirituelle. La Chine, la Russie ou la Roumanie par exemple, ont connu des époques où il était interdit de se réunir en Eglise mais cela n'a pas empêché, au contraire, le développement des communautés chrétiennes. Il ne faut pas négliger le fait qu'une des raisons de cette inclination à la foi était due à l'oppression et aux difficultés de la vie. La situation actuelle n'est en rien comparable, mais génère peut-être quand même des inquiétudes qui peuvent donner tout son sens à l'Eglise et son vécu.

seconde nous fait prendre conscience que nous sommes tous (une part de) l'Eglise dès lors que nous vivons authentiquement notre foi, partout et tout le temps, dans l'ensemble de nos activités et de nos relations.

Associer le verbe « faire » à l'Eglise est une occasion de rappeler qu'elle n'est pas d'abord une institution mais un événement. L'Eglise advient dès lors que la Parole est prêchée et incarnée, comme le suggère une définition classique de l'Eglise[4]. Pour le dire avec les mots de Jésus, « lorsque deux ou trois sont réunis en son nom, il est au milieu d'eux » (Mt 18.20) et nous *faisons* donc Eglise. Dans cette optique, il s'agit de ne pas cantonner l'Eglise au culte hebdomadaire ou à son organigramme, ses activités régulières ou ses règles, mais toutes les rencontres informelles pour étudier la Parole de Dieu ou pour prier, toutes les relations fraternelles qui mettent en exergue les valeurs de l'Evangile, ou toutes les actions solidaires qui en sont l'application ont une véritable légitimité pour être considérée comme authentiquement ecclésiales. Cette vision-là de l'Eglise met l'accent sur la vie dans le monde en tant que corps du Christ. On passe « du rassemblement des croyants à un endroit et à un moment donné à une conception de l'Eglise comme un ensemble de relations et de communications ». A travers la vie chrétienne dans des communautés informelles, « c'est l'activité spirituelle des participants qui constitue le fondement de l'Eglise et non plus des structures et des bâtiments[5] ».

La vocation missionnaire de l'Eglise se trouve aussi touchée par la fermeture des églises et la question se pose de savoir si toute évangélisation est désormais impossible ? En fait, c'est probablement le contraire. Pour rappel, le mot « mission », du latin *missio* signifie littéralement « envoyer » ce qui correspond tout à fait aux divers envois missionnaires de Jésus (Mt 28.16-20, Jn 20.21, Ac 1.8). Un ecclésiocentrisme trop fort, au détriment d'un théocentrisme essentiel, a pu nous amener à avoir une approche attractionnelle de l'évangélisation et de la mission alors que le but est que nous soyons envoyés pour aller à la rencontre des autres, pour y partager – en attitude, en paroles et en actes – une foi centrée sur Jésus. Trop souvent, on imagine que l'aboutissement de l'évangélisation est de faire venir les personnes à l'église. Certes, l'engagement par le baptême a pour corollaire l'intégration dans le corps du Christ et donc l'entrée dans son Eglise,

---

[4] « L'Eglise est l'assemblée de tous les croyants auprès desquels l'Evangile est prêché purement et les saints sacrements administrés conformément à l'Evangile » (*La Confession d'Augsbourg*, article 7. Cf Jean Calvin, *L'institution chrétienne IV, I, 9*, Genève, Labor et Fides, 1968, vol. 4, p. 21 ; André Birmelé, Marc Lienhard (éd.), *La foi des Eglises luthériennes. Confessions et catéchismes*, Paris/Genève, Cerf/Labor et Fides, 1991, p. 46).
[5] Pete Ward, *Liquid Church. A Bold Vision of How to Be a God's People in Worship and Mission. A Flexible, Fluid Way of Being Church*, Peabody/Carlisle, Hendrickson Publishers/Paternoster Press, 2002, p. 2.

mais nous n'avons pas atteint l'objectif de la mission lorsque nous avons contribué à l'adhésion d'un nouveau « membre ». Car, c'est bien l'émergence de nouveaux « disciples » qui compte (même s'il faut espérer que ce ne soit pas contradictoire... en tous cas, il y a une différence d'accent qui est fondamentale). Dès lors, la fermeture des églises n'est peut-être pas une mauvaise nouvelle pour Dieu en ce qui concerne la mission. D'abord parce que c'est l'occasion de réfléchir à l'intention originelle de notre vocation évangélisatrice. Mais aussi parce que nous serons peut-être moins absorbés par de multiples réunions d'Eglise qui nous mobilisent (certes utilement) au détriment du temps que nous pouvons consacrer à témoigner. Enfin, parce que la situation d'effroi et d'interrogation que suscite le choc global que nous vivons peut amener certaines personnes de nos entourages à se poser des questions sur le sens de la vie auxquelles nous pourrons répondre par la profondeur de nos croyances comme par la sérénité que nous apporte la foi en Christ.

En conclusion : pour le meilleur et pour le pire

Peut-on donc répondre à la question de savoir si Dieu est affecté par la fermeture des églises ? Franchement, je n'en sais rien. Mais j'aime à penser que dans un sens il en est affecté négativement, d'abord parce que Dieu est tout sauf insensible aux raisons qui ont amené à imposer la fermeture des églises, mais aussi puisque nos cultes d'adoration doivent manquer à son plaisir. C'est le pire... Mais d'un autre côté, dans cette alliance qui nous unit à lui, le meilleur est peut-être que finalement cette situation exceptionnelle nous pousse à une théologique où Dieu, avec son amour et ses valeurs, demeure une priorité de nos vies, où notre adoration est certes différente mais non moins profonde et authentique, et où l'Eglise a l'occasion de se recentrer sur sa véritable raison d'être. Et cela, je pense que Dieu doit s'en réjouir !

Méditation d'un chrétien confiné

Xavier Georges Rousset[1]

Le texte que je propose à ta bienveillance, sœur lectrice, frère lecteur, ne se veut pas le dépositaire de vérités granitiques, ni glacées, mais la description d'un parcours, dans la situation exceptionnelle qui est devenue, pour plusieurs semaines, celle de l'ensemble de notre planète. Celui qui parle se voit comme un chrétien, c'est-à-dire comme un homme qui tâche de prendre au sérieux la personne et la pensée du Christ. A ce titre, il s'inspire autant que faire se peut, non pas du contenu des Ecritures qui, désormais, appartient à la fois aux sables de l'histoire dont les théologiens tentent de le tirer et aux méandres des interprétations, dont les exégètes tirent, au gré de l'inspiration, de goûteux poissons, mais de leur démarche. S'inspirant de livres tels que Ruth, l'Ecclésiaste, Jérémie, Lamentations, *ou de certains psaumes, il vise à montrer le passage d'une vision de Dieu à une autre vision, plus fidèle espérons-le, à l'Esprit du Christ. Ainsi, son terme n'est pas la fin du parcours, mais la découverte d'un sentier jusque-là inaperçu, qui fera pour lui la route plus sûre et l'horizon mieux dégagé. Il sera comblé, s'il en allait de même pour toi, même indirectement, même un peu. Encore un mot et je te laisse. Sois averti que l'auteur a effectivement pensé toutes les pensées exposées ci-après. Si elles se proposent toutes, bien entendu, à ton appréciation, aucune n'essaiera d'arracher ton approbation. (Gaillard, le dimanche de Pâques 12 avril 2020).*

Premier soir

Nous voici donc collectivement seuls. Le président de la République l'a annoncé le 11 de ce mois de mars : maintenant, quoi qu'il arrive, nous resterons chez nous – exceptés certains, qui assureront un service vital... Qu'une chose aussi petite qu'un virus paralyse une machine aussi étendue et sophistiquée que la France ne laisse pas de me stupéfier : Herbert George Wells[2] nous le montrait capable

---

[1] Xavier Georges Rousset, Master en philosophie, puis en théologie, travaille actuellement à la Bibliothèque Alfred-Vaucher, sur le Campus adventiste du Salève (France).
[2] Herbert George Wells, *La Guerre des mondes*, Paris, Folio, 2005 (éd. originale : *The War of the Worlds*, 1898).

de détruire une civilisation au faîte de sa puissance – a-t-il aperçu la portée anticipatrice de son récit ? Mais c'est avant tout les membres de ce grand corps, que la maladie frappe. C'est alors à Pascal et à son « roseau pensant[3] », que je songe.

Le coronavirus, comme tout virus, s'attaque à notre chair, plus précisément, il parasite notre organisme pour se reproduire à ses dépens. Il nous rappelle à notre condition d'être humain voulue par Dieu, d'un être total, à trois dimensions (Gen 2.7) et non deux, seulement, ou une. Tout est intéressant, dans notre être et tout de nous intéresse Dieu, voilà pourquoi ce qui pourrait nous arriver, à l'occasion de la pandémie qui frappe aujourd'hui, est de la plus haute importance. Que le mal s'en prenne à notre corps seul, ou qu'il s'étende à notre âme aussi, voire à notre esprit, qu'il ne produise que de désagréables toussotements, ou qu'il empoisonne notre âme par la peur, qu'il aille jusqu'à disloquer notre être, répandre notre vie, éteindre notre âme et réexpédier notre esprit à celui qui nous l'a offert, il nous rappelle au bon souvenir de nous-mêmes, sous l'angle de ce que nous sommes de plus palpable : un corps qui souffre, dont nous craignons qu'il ne souffre et, désormais, un corps confiné. Car c'est de toute façon par le corps que le mal s'insinue, comme la Bible nous en offre une illustration, dès l'origine (Gn 3). Le serpent entourant l'arbre de la connaissance commence par corrompre l'entendement féminin, puis masculin : la tentation se fraie un chemin par l'oreille et c'est par la bouche que le péché s'immisce dans l'histoire humaine. Il est immanquablement descendu dans l'estomac, car l'humanité n'a pas fini de le digérer.

Première journée : Job, un corps confiné par la douleur

Puisque je parle de corps qui, comme Job, peut dire qu'il a connu toutes les douleurs qu'un corps peut physiquement supporter ? Qui, comme lui, s'est vu tout retirer, jusqu'au désir d'exister (Jb 3.1-26) ? Peu importe que Job ait été libre comme l'air, pendant son calvaire : privé de toute joie, même la plus minuscule, privé même de l'espoir de la joie, ou d'en apercevoir seulement l'ombre, au cœur du rêve le plus obscur, le corps qu'il est devient la plus abominable des prisons et chaque seconde qui s'écoule, un milliard d'années d'une torture ininterrompue. Confiné dans l'éphémère présent, car privé d'avenir avec la disparition de toute sa progéniture ; confiné dans l'amertume du souvenir des gloires abolies, de richesses arrachées par des pillards assassins ou par l'aveugle furie des éléments déchaînés (Jb 1.13-19) ; confiné dans la honte, dans la douleur de paraître comme un cloaque ambulant au point que ses amis ne le

---

[3] Pascal, *Pensées*, Paris, Poche (Sellier), 2000, fragment 231.

reconnaissent pas, que sa femme n'envisage pour lui que la mort après le blasphème, au point, enfin, de ne trouver de soulagement que dans l'auto mutilation (Jb 2.7-13), Job est celui qui, plus que quiconque, subit toutes les formes d'enfermement que peuvent donner la douleur physique et la souffrance morale. Autrement dit, l'épreuve ultime du juste est celle de l'extrême solitude : perdre tout sens à subir un châtiment qui ne rétribue aucune faute, n'être pas compris, perdre l'appui, la considération, l'amour enfin, de ses proches ; ne plus voir Dieu nulle part, voir sa colère partout, toujours, s'abattant sans pitié ni répit sur le pauvre Job qui n'y comprend rien.

D'un tel confinement, ne peut surgir que cette question : pourquoi ? Les amis du corps souffrant répondent : « Il est coupable, il doit être coupable, il ne peut pas ne pas être coupable, car qui l'est, si ce n'est pas lui ? Dieu ? Impensable ! Personne ? Moins encore ! Il faut qu'une telle souffrance, qui déforme à ce point un ami qu'on ne reconnaisse plus son visage, ait un sens et elle ne peut en avoir un que si quelqu'un est coupable. Eh bien ! puisque personne ne correspond au profil, ce sera Job, faute de mieux et parce qu'il le faut, pour préserver l'ordre et la doctrine, l'image que nous nous faisons de Dieu ! » Job, manifestement, n'est pas le seul confiné : les conceptions erronées, les impératifs du « religieusement correct » peuvent aussi enfermer, peut-être plus sûrement encore que la souffrance : une simple conversation suffira à dessiller les yeux de Job (Jb 38.1-42.6), par contre, il faudra que celui-ci intercède pour ses amis et offre un holocauste en leur faveur (Jb 42.7-11). Mais ma question demeure : pourquoi tout cela ? Dieu aussi répond, précisément dans le dialogue juste évoqué. Mais il ne fait que poser des questions... A quoi Job réplique par la profession d'une compréhension plus profonde, plus intime, de Dieu. Est-ce donc qu'il a enfin découvert qui il était ? En souffrant et en abdiquant toute compréhension rationnelle ? C'est une piste à suivre, certes, mais elle est, à ce stade, peu satisfaisante. J'ai manqué quelque chose...

C'est au cœur du livre de Job que je le trouve :
> « Je sais bien, moi, que mon rédempteur est vivant, et qu'il se lèvera, le dernier, sur la poussière, après que ma peau aura été détruite ; de ma chair, je verrai Dieu. Moi, je le verrai, mes yeux le verront, et non pas quelqu'un d'autre ; les profondeurs de mon être s'épuisent au dedans de moi » (Jb 19.25-27).

Certitude d'un rédempteur et espérance de la réhabilitation de la chair ! En-deçà de la souffrance qui « confine » le corps souffrant, par-delà l'impuissance, les incompréhensions ou les jugements des témoins de la souffrance, il existe une justice qui libère et un rétablissement, appelés à durer toujours. Au fond de lui, tout au fond, dans les profondeurs secrètes que, seul, perce le regard de Dieu, Job sait qu'un lien infrangible le tient tout contre son rédempteur, pour l'éternité.

Deuxième soir

Les sites d'information bruissent de futilités rageusement commentées à l'infini par les premiers venus. Même quand la pandémie menace, la pudeur n'est pas une option, semble-t-il ; le confinement affecte aussi nos âmes et l'intelligence s'enferme aussi bien qu'un corps. Un autre confinement, couper la connexion, serait salutaire, sans doute. Nous sommes intoxiqués, comme autrefois les Israélites confinés dans une Jérusalem assiégée par les Assyriens, par le messager de Sennachérib (2R 18.28-37), ou comme Zachée, en haut de son arbre, jeté hors de la société par les murmures malveillants de ses voisins (Lc 19.1-10), mais réintégré par le Christ prenant la peine d'entrer dans sa demeure. (Jésus est celui qui se tient prêt à braver notre confinement, pour venir « chercher et sauver ce qui était perdu » (Lc 19.10b) ; « Je me tiens à la porte et je frappe... » (Ap 3.20a) dit-il, à une Eglise confinée dans son illusoire autosuffisance.) Surgit alors une nouvelle question, non plus le pourquoi de la souffrance, mais comment : comment sort-on de son confinement intérieur ?

Deuxième journée : Joseph, une âme résolument libre

Etre confiné c'est être immobilisé où l'on ne veut pas. Les Ecritures ne manquent pas de figures immobilisées en des lieux de répression, d'humiliation. On sent fréquemment le renfermé, dans la Bible, mais on n'est pas jeté qu'en prison : une citerne peut faire l'affaire, à l'occasion (Gn 37.24 ; Jr 38.6). On se saisit des corps (Jg 16.21 ; Lc 3.19-20 ; Jn 21.18-19...) des serviteurs de Dieu, mais il ne faut pas oublier que le Satan lui-même, ne saurait échapper au « confinement » (Lc 10.18 ; Ap 20.2) et que, à la fin des fins, il connaîtra avec ses complices le confinement suprême : la disparition et l'oubli éternels. Se retrouver involontairement immobilisé n'indique, ni ne détermine, celui que je suis : tout n'est question que de ce que je fais de ma situation. Pierre dort en attendant son exécution (Ac 12.6), Paul et Silas prient, chantent, louent, autrement dit font une réunion de prière au fond de leur cachot, les pieds entravés (Ac 16.24-25) : les corps s'enferment, se neutralisent, mais non l'âme de qui sait être libre ; la chair s'immobilise, l'âme garde sa liberté de mouvement.

Suite à une calomnie, Potiphar s'est rendu maître du corps de Joseph, pour garantir, croit-il[4], le corps de sa femme en le jetant au cachot pour qu'il n'en sorte plus (Gn 39.7-20). Mais du fond de son trou, où le fils d'Israël avait des rats pour colocataires, il devient en quelque sorte le maître, l'organisateur,

---

[4] Ou pas : on imagine plus facilement la peine de mort, pour celui qui se rend coupable de ce dont Joseph est accusé. Potiphar connaissait peut-être mieux son épouse qu'il n'y paraît et, ne voulant pas que Joseph meure, l'aura sans doute fait incarcérer pour sauver la face.

comme précédemment chez Potiphar (Gn 39.1-6). L'autorité l'arrête et voilà que, pour lui, tout (re)commence, parce que Dieu le veut ; la grosse machine de l'Etat veut le broyer et voilà que c'est Joseph qui fait fonctionner la machine (Gn 39.21-40.4). Intendant chez Potiphar, intendant dans sa prison, finalement intendant de toute l'Egypte (Gn 41.37-57). Où qu'il ait été, quelle que fut sa situation, rien n'empêcha Joseph d'être Joseph le fils d'Israël, le serviteur de Dieu. Sa liberté à lui ravie, emmené de force en terre étrangère, jeté au cachot, il n'en continue pas moins de faire ce qu'il fait de mieux, à savoir, gérer, organiser, commander. Plus son champ d'action se rétrécit, dirait-on, et plus son talent et sa personnalité se déploient. Le confinement semble avoir sur Joseph l'effet paradoxal d'étendre ses possibilités, puisqu'il en arrivera à se faire reconnaître du pharaon lui-même, comme le plus talentueux de toute l'Egypte. Or, c'est au service de son maître, puis de son geôlier, qu'il a développé ses aptitudes.

Voilà donc qui répond à ma question : comment sort-on de son confinement ? En se laissant confiner. Mais cela ne me suffit pas encore, car Joseph dépendait du don de Dieu. Je veux désormais méditer sur la source du déconfinement, plutôt que sur ses récipiendaires. Car Dieu – je veux maintenant le considérer sous cet angle – s'est confiné dans une enveloppe humaine, afin de venir nous rencontrer, au sein de notre propre confinement. Cela s'appelle l'incarnation.

Troisième soir

L'art a figuré le confinement du Christ dès les origines : les évangiles nous font un roman de sa vie, comme d'un homme ; la cathédrale Notre-Dame de Paris encadre le cercle de l'éternité, dans le carré de l'humanité ; les peintres jansénistes clouent les mains du Christ à mi-chemin, entre les bords de la croix et son centre vertical, pour symboliser sa descente dans la mort – dans le royaume des morts. Dans toutes ces représentations, l'infini est contenu dans une graine de moutarde : Jésus est le Dieu qui grandit en se diminuant, qui s'étend, qui s'épand indéfiniment, qui s'augmente sans limite, en devenant tout petit. Il vainc la mort en mourant ; intronisé Seigneur de la vie en la perdant, il est celui que ne gêne aucune restriction, fut-elle celle qui, à la fin des fins, nous ôtera tout. Jésus obtient tout, au contraire, en se vidant totalement : de la totalité et, par dessus-tout, de lui-même.

Jésus-Christ s'est confiné, en s'incarnant dans l'homme que, parmi nous, il fut. Il fut enfermé dans la société et dans ses préjugés. Il fut enfin crucifié et, pendant trois jours entiers, soumis à l'ultime enfermement, celui de la mort. Mais il en est ressorti, en fuyant ? –non ! ; en détruisant sa cage ? –pas davantage ! ; il en est ressorti ressuscité, se dépassant lui-même, changé, transfiguré : plus aucun mur ne pouvait l'arrêter (Lc 24.31,36,51 ; Jn 20.19,26), plus aucun homme ne pouvait le soumettre.

Troisième journée : Jésus, confiné par l'Esprit, déconfinant l'humanité

On pourrait trouver bien des occurrences d'un confinement dans le parcours du Christ. Sa présence au milieu des siens en est déjà un : n'est-il pas écrit qu'il « a fait sa demeure parmi nous » (Jn 1.14b) ? Au début de son ministère, juste après son baptême, Jésus est envoyé au désert par l'Esprit : volontairement, il est coupé des lieux où la vie est possible. En s'immergeant dans le vaste espace où il n'y a rien, il rétrécit paradoxalement son univers aux dimensions d'une simple question, celle de la survie. On ne trouve que mort et désolation, dans les déserts, au mieux la flore et la faune nous offrent-elles le spectacle d'un environnement sauvage (Mc 1.13), où l'homme doué de parole n'a pas sa place. Le seul dialogue que le Christ engage, d'ailleurs, est avec le diable (Mt 4.1-11 ; Lc 4.1-13). Dieu peut lui-même nous confiner, nous rétrécir pour mieux nous grandir ensuite : après son séjour victorieux au désert, le ministère de Jésus commence ; il est prêt, désormais, à affronter toutes les difficultés propres à sa mission salvifique, parce qu'il a appris à ne pas les affronter seul. Plongé au plus profond des profondes solitudes, il a été spirituellement, aussi bien que physiquement et mentalement, armé pour saisir qu'à chaque instant et quelles que soient les circonstances, Dieu offre sinon une solution, au moins un soutien, mais avant tout sa présence.

Il y a dans ce parcours au désert, comme dans l'incarnation, une grande part d'incertitude, point commun avec notre confinement : en sortirons-nous jamais ? Jésus est mené par l'Esprit, par une nécessité impérieuse qui ne ressort manifestement pas d'un calcul de sa part. Il doit aller au désert. De même, il est descendu parmi nous, parce que son amour et son désir de renouer avec l'humanité perdue, plus forts que toute autre chose, lui commandaient de le faire. Nous nous enfermons chez nous, par nécessité, parce que l'autorité détentrice de la violence légale nous l'impose, mais pour ceux d'entre nous qui ne cessent pas leur activité, malgré l'ordonnance, une cause bien plus forte les pousse à braver le danger de contamination : l'activité de ceux qui assurent l'approvisionnement et les services minimaux, les soins, plus encore, apportés aux victimes du virus et qui exposent ceux qui leur portent secours à être eux-mêmes infectés, témoignent qu'au-dessus de tout, c'est l'autre qu'il faut préserver. Si le Christ est descendu au prix de sa divinité, au risque suprême de se dénaturer par le péché, si les soignants, les travailleurs qui continuent, bravent les consignes de sécurité avec la permission de l'Etat parce qu'il le faut, c'est le signe imparable que par delà toute considération de survie, l'autre s'impose à nous. Plus profond que le plus profond de soi, se trouve la nécessité de préserver ce lien à autrui, qui ne finit qu'avec notre vie et qui, tout bien considéré, lui donne véritablement son sens, un sens qui fournit l'appui, le socle du courage de mépriser sa propre vie, parce que rien ne compte davantage que la préservation de l'autre.

Revenant sur mes méditations, je m'aperçois que le confinement m'avait davantage atteint que je ne l'aurais cru. Tout allait bien pour moi : grand habitué de la solitude, je ne ressentis pas l'obligation de demeurer cloîtré comme une épreuve, mais la simple continuation par d'autres voies d'un quotidien fondamentalement inchangé. J'installai rapidement une autre routine et appris les changements hebdomadaires, ou quotidiens, mais surtout les difficultés rencontrées par ceux qui devaient continuer à servir leur prochain avec un relatif détachement. Un incident qui faillit achever de m'interdire définitivement tout contact extérieur me fit prendre conscience de mon erreur : certes, j'aurais continué de vivre, j'aurais continué de louer Dieu, mais j'aurais perdu mon prochain et aurais été perdu pour lui. Je vis alors le geste des soignants, des travailleurs qui continuaient leur labeur, sous un tout autre éclairage : plutôt que la réponse simplement rationnelle à une situation d'urgence, j'y vis la nécessité de garder le lien avec autrui, que la maladie, puis la mort, risquait de couper. Je vis que ces femmes, ces hommes, ne donnaient pas une réponse automatique à un instinct, mais que, dépassant justement les pulsions égoïstes du repli, le réflexe tribal de ne penser qu'aux siens, si par extraordinaire on ne pense pas qu'à soi, ils mettaient en acte ce qui, peut-être, fait de nous des humains, à savoir la faculté d'aimer son prochain comme l'on aimerait Dieu (Mt 22.34-40 ; Mc 12.28-34).

Réfléchissant encore et encore à ces gestes altruistes et ressentant comme un appel à me repentir d'une certaine dureté d'âme, je ne puis, désormais, poursuivre ces méditations, car rien ne peut venir ensuite, rien ne peut surclasser, remplacer, faire suite au don de soi en faveur du prochain. La seule conclusion possible est donnée par celui qui l'a incarnée, en s'incarnant, en revêtant un homme, en devenant l'un d'entre nous pour nous rendre à nous-mêmes en rétablissant les liens que nous avions rompus, par celui qui ne faisait qu'un avec sa parole, parce qu'il était lui-même la Parole : « Il n'est pas de plus grand amour que de donner sa vie pour ses amis » (Jn 15.13).

servir
revue adventiste de théologie

Numéro 6 (Printemps 2020)

Editorial
Des mots sur les maux... Le coronavirus à l'épreuve p. 3-6
de la théologie ; la théologie à l'épreuve du coronavirus.
Gabriel Monet

L'épidémie de la grande compassion. p. 7-13
Bernard Sauvagnat

Le premier confinement de l'histoire. p. 15-26
Karl Johnson

Ne tentez pas Dieu ! p. 27-36
Le Psaume 91 à l'épreuve du coronavirus.
Marcel Ladislas

« L'Apocalypse d'Esaïe », ou l'espérance malgré la détresse. p. 37-42
Daniela Gelbrich

Au milieu de l'orage. Matthieu 14 et Covid 19. p. 43-48
Roberto Badenas

Le Covid-19 et la prophétie biblique. p. 49-58
Rivan Dos Santos

La (petite) bête. p. 59-62
Jean-Claude Verrecchia

Transmettre le virus. p. 63-69
John Graz

Interpellés par le Covid-19... A quand la fin ? p. 71-74
Bruno Vertallier

Vanitas, vanitatum. p. 75-80
Roland Fayard

Chemin de deuil face au virus. p. 81-86
Geneviève Aurouze

« Ne vous inquiétez pas ». p. 87-93
Akrassi Kouakou

De l'opportunité d'une emphase sur l'intégration des soins spirituels aux malades. p. 95-101
Jacques Yves Nganing Mbende

Du confinement actuel au ministère pastoral de demain. p. 103-107
Gabriel Golea

Dieu et le coronavirus. p. 109-112
Gilbert Grezet

L'effet ahurissant de la nouveauté. p. 113-114
Pierre Kempf

« Prière-pompier » ou « prière-sans cesse » ? La pandémie interpellante. p. 115-120
Roland Meyer

Comment la crise du coronavirus change-t-elle le monde et l'Eglise adventiste ? p. 121-126
Reinder Bruinsma

L'Eglise du reste à l'époque du Covid-19. p. 127-131
Luca Marulli

Les églises sont fermées : Dieu en est-il affecté ? p. 133-138
Gabriel Monet

Méditations d'un chrétien confiné. p. 139-145
Xavier Georges Rousset

Communiqué

FONDS DE SOUTIEN À L'ÉDUCATION
ADVENTISTE FRANCOPHONE

Appel à contribution

Le *Fonds de soutien à l'éducation adventiste francophone* vous invite à apporter une contribution financière pour soutenir les élèves et les étudiants qui font le choix d'étudier dans une institution adventiste francophone.

A quoi servent les sommes récoltées par ce fonds ?
Elles permettent notamment à certains étudiants de la *Faculté adventiste de théologie* de Collonges-sous-Salève d'être aidés par une bourse ; mais aussi de financer une part de la scolarité des enfants d'étudiants en théologie afin qu'ils puissent être inscrits à l'*Ensemble scolaire Maurice-Tièche* (l'école adventiste collongeoise). Plus largement, ce fonds peut aider des élèves et étudiants ou soutenir divers projets.

Quelles sont les modalités de soutien ?
Ce Fonds, officiel et déclaré en préfecture (N° Siret : 882 415 482 00018), dont les comptes sont certifiés par un commissaire aux comptes, est habilité à émettre des reçus fiscaux pour tous les résidents français. 66% de votre don est déductible des impôts dans la limite de 20% des revenus imposables.
Vous pouvez contribuer :
- ✓ par chèque à l'ordre du « Fonds de soutien à l'éducation adventiste francophone »
- ✓ par virement sur le compte (Banque Populaire Auvergne Rhône Alpes)
  IBAN : FR76 1680 7000 6236 4662 2921 834
  SWIFT / BIC : CCBPFRPPGRE

Pour toute question ou communication, n'hésitez pas à contacter le président du *Fonds de soutien à l'éducation adventiste francophone*, Jean-Philippe Lehmann : direction@campusadventiste.edu.